巅峰体验

一种生理-心理机制的研究

赵皖生 著

华夏出版社
HUAXIA PUBLISHING HOUSE

图书在版编目（CIP）数据

巅峰体验：一种生理—心理机制的研究 / 赵皖生著. -- 北京：华夏出版社有限公司，2024.1（2024.4 重印）
ISBN 978-7-5222-0523-6

Ⅰ．①巅… Ⅱ．①赵… Ⅲ．①哲学－研究 Ⅳ．①B0

中国国家版本馆 CIP 数据核字(2023)第 114469 号

巅峰体验：一种生理-心理机制的研究

作　　者	赵皖生
责任编辑	罗　庆

出版发行	华夏出版社有限公司
经　　销	新华书店
印　　装	三河市少明印务有限公司
版　　次	2024 年 1 月北京第 1 版 2024 年 4 月北京第 3 次印刷
开　　本	880×1230　1/32 开
印　　张	8.75
字　　数	169 千字
定　　价	49.00 元

华夏出版社有限公司　　地址：北京市东直门外香河园北里 4 号
邮编：100028　网址：www.hxph.com.cn
电话：(010) 64663331（转）
若发现本版图书有印装质量问题，请与我社营销中心联系调换。

目录

001 第一章

什么是神秘主义的形而上瞬间顿悟的巅峰体验

021 第二章

巅峰体验的前过程：朦胧模糊境界、意识突然消失

047 第三章

巅峰体验的后过程：意识恢复与瞬间顿悟、后续思辨

081 第四章

巅峰体验与东方：佛教禅修性质、《老子·四章》辨析

101 第五章

巅峰体验与西方：上帝观念、圣徒经历和哲学家经历

143 第六章

巅峰体验的种种人为获得方式：激发潜意识

167 第七章

巅峰体验的生成机制：记忆闪回与清零、意识重建与顿悟

185 第八章

结语：致敬巅峰体验的形而上高贵品质

223 附录

"巅峰体验"概念要点概述

273 后记

第一章
什么是神秘主义的形而上
瞬间顿悟的巅峰体验

人类具有形而上思维的本能。所谓形而上思维，是指对有形事物之上的重大的无形事物的思辨。在人类思想史的传统思维中，形而上思维的最高形式，是对世界最高存在者或终极实在的思辨，以及由之对世界本质和人类存在意义的思辨。

所谓世界的最高存在者或终极实在，是指人类思想史上出现的上帝、梵、涅槃、道、至善理念、太一、绝对理念、绝对自我、绝对意志、神圣自然等终极性概念。在传统的形而上思维看来，最高存在者或终极实在是统摄世界万物的最高主宰，它创生了世界万物，规定了世界万物的运行规律，确定了世界万物的最终归宿，因而赋予了世界万物存在的意义；对最高存在者或终极实在的思辨，也就是对世界本质和人类存在意义的思辨。

形而上思维是人类思想中最为博大精深的精神现象。

人类的思维在什么样的情况下可能抵达形而上思辨呢？有两种基本形式：一种是哲学的理性主义的形而上思辨，一种是宗教的神秘主义的形而上思辨。

哲学的理性主义形而上思辨，通常称为哲学的本体论，或称本体论哲学。哲学的理性主义形而上思辨是思维者为了发现和理解世界最高存在者或终极实在而主动采取的思维活动，是目的明确的自觉探究，是一个理性的思辨过程。在哲学的理性主义形而上思辨的过程中，思维者在尽可能严格的事实经验的基础上，展开尽可能严密的逻辑推演，通过反复论证和层层推进，最高存在者或终极实在似乎在他们的论证中渐渐显露，思维者从而获得他们对世界最高存在者或终极实在的领悟。古代希腊的至善理念和近现代西方的绝对自我、绝对理念、神圣自然等概念，就是哲学理性主义形而上思辨的产物。

宗教的神秘主义形而上思辨则分为两种基本形式：一种是理性可以解释的神秘主义形而上思辨，一种是理性无法解释的神秘主义形而上思辨。

理性可以解释的神秘主义形而上思辨，是指理性可以分析和理解其"神秘"缘由的神秘主义形而上思辨。这种神秘主义思辨实际上并不神秘，因为这种形而上思辨同样是建立在常规的理性思维的形式之上的，即也是尽可能地依据事实和逻辑而展开思辨的，只是这种思辨对事实和逻辑的要求不高，它不大在乎所采说的事实和所依据的逻辑是否严格和是否严密，因而往往形成了种种偏离事实的和逻辑混乱的形而上结论，这些结论因为怪诞而显得十分神秘。这种神秘主义的形而上思辨，除了间或的理性推论，主要是依靠想象和抒情的思维方式而达到形而上思辨的。这种思辨包含理性因素，但它的理性标准低下；这种思辨包含神秘因素，如包含出神、迷狂乃至顿悟等现象，但它与理性无法解释的神秘主义形而上思辨又大不一样。需要指出的是，这种神秘主义的形而上思辨其实并非宗教所独有，非宗教的形而上思辨中也常见这种思辨，如由于受到时代的局限即知识量的限制，某些早期的本体论哲学也同样充斥着这样的思辨。

理性无法解释的神秘主义的形而上思辨，是指理性无法分析和理解其"神秘"缘由的神秘主义形而上思辨。这种神秘主义的形而上思辨具有令人不可思议的种种特征：它总是毫无预兆地突然发生，没有谁能够预先确定它的发生，它是经历者的被动遭遇；当它一旦不期而至时，经历者会在自己的意识中看到一个朦胧模糊的境界，并会随后丧失全部意识，经历者完全无法言说这一不可名状的境界；经历者的意识会快速恢复，会体验到极为强烈的身心震撼，感受到无比的欢欣喜悦；经历者会感到豁然开朗，感到自己在此瞬间突然顿悟了世界的最高存在者或终极实在，窥得了世界的最高秘密；这一神秘经历又总是短暂的，整个过程稍纵即逝。这种形而上的瞬间领悟，似乎不需要可以验证的事实，不需要可以分辨的逻辑推理，它就是通过这样一次性的迷狂顿悟就直接完成的。这种神秘主义的形而上思辨历来被认为无理性的、非理性的和超理性的，是理性完全无法分析和理解的。古代东方两大神秘主义的形而上思想体系，古代印度释迦牟尼（Buddha，约公元前623—约公元前543）的"涅槃"思想和古代中国老子（约公元前571—约公元前500）的"道"思想，就是这种神秘主义的形而上顿悟的产物。

本书所要探讨的，就是这种一向被认为是理性所无法分析和理解的神秘主义的形而上瞬间顿悟现象。

这种神秘主义的形而上瞬间顿悟现象，在古代东方和古代西方都很早就出现了，然而两者的命运却大相径庭。

在古代东方，虽然释迦牟尼的"涅槃"观念和老子的"道"观念何以产生的发生学问题从来没有廓清，但是这并不妨碍东方民族对这种神秘观念的极大尊崇。这种观念不仅对世界作出了自成体系的完整说明，满足了人的形而上思辨要求，而且它所衍生的去欲律己、爱人向善、安贫乐命、守弱不争等处世原则，有助于提升个人品格、和睦人际关系和保持社会稳定，因而受到广泛的赞赏和接受。如在古代中国，道家、佛教和孔子（公元前551—公元前479）创立的儒学，三者合流，构成了古代中国主流的思想意识形态。

古代西方宗教的神秘主义形而上瞬间顿悟思辨则是另一番遭际。古代西方的这种神秘顿悟是与上帝观念相关联的，表现为经历者声称他们在突发的神秘遭遇中感觉到了上帝的莅临，感觉到自己与上帝实现了合一，获得了对上帝的直接领悟。西方的这种形而上瞬间顿悟思辨在西方历史上一直处于边缘化的地位，受到来自两方面的打压。中世纪前后，它首先受到的是它栖身其中的宗教教会的压制。教会极为重视自身的权威，认为教会受命于上帝，自身也是神圣的，是上帝与信徒之间不可或缺的中介，因而非常警惕信徒中出现脱离教会的倾向，而神秘主义顿悟却恰恰具有否定教会中介、怀疑教会重要性的思想可能。因为神秘的形而上瞬间顿悟是一种完全个人化的体验，在这样的神秘经历中，经历者分明感到自己直接领悟到了上帝、直接实现了与上帝的合一，其中根本没有也根本用不着教会的中介，而且经历者所感受到的领悟与教会的说教也往往不尽相同。这样的独立感受，加之中世纪教会作为统治阶层所造成的种种社会问题，很容易引发信徒疏离教会甚至反抗教会的社会思潮和社会运动，事实上这样的情形在西方历史上屡屡发生。中世纪教会因而对动摇其权威统治的神秘主义的顿悟思辨极力镇压，而且镇压常常是非常血腥的。另一方面，近代以来，与宗教对立的理性主义者也同样蔑视神秘主义的瞬间顿悟之说。在理性主义者看来，这种他人无法验证的、经历者自己也无法说清楚的、说出来也光怪陆离的事情，完全违背了理性原则的最基本要求，纯属天方夜谭。理性主义者把神秘主义的瞬间顿悟看作与招魂术、扶乩术、占星术之类相同的民间迷信，认为它不过是述说者产生的错觉、幻觉，甚至是歇斯底里的病态臆想，是子虚乌有的事情。由于这些原因，西方的神秘主义形而上瞬间顿悟的思辨命运多舛,一直处于被遮蔽的状况之中。

西方的这种情形在20世纪初发生了根本性的变化。1902年,美国心理学家、哲学家威廉·詹姆斯(William James, 1842—1910)出版了《宗教经验种种》一书,该书首次对神秘主义的形而上瞬间顿悟现象进行了全面的理性分析和正面肯定。詹姆斯指出,这种神秘现象虽然看似荒诞迷信,而且也确实与许多荒诞迷信的观念混淆在一起,但它本身却不是荒诞迷信的,而是确定的心理事实和真实的精神现象,并且具有重大的思想意义。詹姆斯给予神秘主义的形而上瞬间顿悟以极高的评价,他指出,宗教的本质在于个人体验,所有宗教的最初创立都源于创立者个人独特感悟的宗教经验,而这种"个人的宗教经验,其根源和中心,在于神秘的意识状态"。[1]詹姆斯还超前地提出,虽然对神秘主义顿悟发生的生理机制不清楚,但可以肯定它与人的潜意识活动密切相关,是一种可以作为科学研究对象的精神现象。詹姆斯还首次对神秘顿悟现象的基本特征作了归纳。詹姆斯的这部著作在西方引发了很大的轰动并产生了持久影响,被公认为现代神秘主义研究的奠基之作。

1950年代,美国心理学家阿伯拉罕·H. 马斯洛(A. H. Maslow, 1908—1970)也在他的研究中发现了形而上的神秘顿悟现象。马斯洛是通过对数十名他认为最杰出的历史人物和

---

[1] (美)威廉·詹姆斯:《宗教经验种种》,尚新建译,华夏出版社,2008年,271页。

当代人物的研究发现这一现象的。这些人物包括美国《独立宣言》的起草人杰斐逊（T. Jefferson，1743—1826）、首任美国总统华盛顿（G. Washington，1732—1799）、领导废奴运动的美国总统林肯（A. Lincoln，1809—1865）、荷兰哲学家斯宾诺莎（B. Spinoza，1632—1677）、英国乌托邦思想创始人莫尔（T. More，1478—1535）、德籍美国物理学家爱因斯坦（A. Einstein，1879—1955）、德国神学家马丁.布伯（M. Buber，1878—1965）、美国心理学家及哲学家詹姆斯、英国浪漫派诗人济慈（J. Keats，1795—1821）、沙俄时期的民粹主义革命者克鲁泡特金（P. A. Kropotkin，1842—1921）等。马斯洛把他发现的这种神秘顿悟现象称为"高峰体验"。

马斯洛在一次演讲中介绍了他的这一发现：

在对健康人的研究中我获得了不少新的认识，其中之一就是我们现在要专门讨论的问题。我注意到这些人常常说自己有过近乎神秘的体验。这种体验可能是瞬间产生的、压倒一切的敬畏情绪，也可能是转眼即逝的极度强烈的幸福感，甚至是欣喜若狂、如痴如醉、欢乐至极的感觉。

在这些短暂的时刻里，他们沉浸在一片纯净而完善的幸福之中，摆脱了一切怀疑、恐惧、压抑、紧张和懦弱。他们的自我意识也悄然消逝。他们不再感到自己与世界之间存在着任何距离而相互隔绝，相反，他们觉得自己已经与世界紧紧相连融为一体。他们感到自己是真正属于这一世界，而不是站在世界之外的旁观者。

最重要的一点也许是，他们都声称在这类体验中感到自己窥见了终极的真理、事物的本质和生活的奥秘，仿佛遮掩知识的帷幕一下子给拉开了。艾伦·华兹曾这样表达过这种感觉："噢，原来如此！"这好像是我们的最终目的地。我们的生活似乎是一场艰巨紧张的奋斗，以达到某个特定的目的地，而现在我们终于达到了，这就是目的地！这就是我们艰苦奋斗的终点，是我们渴求期待的成就，是我们愿望理想的实现。每一个人都有过这种时候，即我们感到迫切需要某种东西，但又不知道究竟是什么；而这种朦胧模糊的未能如愿以偿的渴望则可以通过我们的这些神秘体验得到最充分的满足。产生这种体验的人像突然步入了天堂，实现了奇迹，达到了尽善尽美。

就在这一点上，我已经得到了一些新的知识。我以前总把自己读到的那些少得可怜的神秘体验归结为宗教迷信。与大多数科学家一样，我对这些体验嗤之以鼻，概不相信，并把它们统统斥为胡说八道、错觉幻象或歇斯底里等。我几乎毫不迟疑地断定它们都属于病态心理。

然而，那些对我讲述过或撰文描写过此类体验的人无不健康正常，这便是我的体会之一。除此之外，这类体验还使我看到了那些目光偏狭的正统科学家的局限性，他们不承认任何与现成科学相违的情报资料是知识，也不承认它们是客观事实。这类体验大多与宗教无关，至少从通常的迷信意义上看是如此。这类美好的瞬时体验来自爱情、和异性结合，来自审美感受（特别是对音乐），来自创造冲动和创造激情（伟大的灵感），来自意义重大的顿悟和发现，来自女性的自然分娩和对孩子的慈爱，来自与大自然的交融（在森林里、在海滩上、在群山中，等等），来自某种体育运动，如潜泳，来自翩翩起舞时……

我的第二点体会是这类体验都是自然产生的，绝非迷信。从现在起，我将不再称它们为"神秘体验"，而改称"高峰体验"。我们完全可以对这类体验进行科学的研究（我现在便开始了这种工作）。它们属于人的知识范围，而不是什么不可思议的外界秘密。它们存在于这个世界中，而不是超乎世界之上。它们不是神父特有的本领，而是全人类共同的感受。它们不再是宗教信仰的问题，对它们的研究，完全是出于人的好奇心，出于对知识的追求。请大家留意一下"启示""天堂""拯救"等字眼的自然主义的含义吧。科学史正是一门又一门的科学从宗教中诞生分化出来的历史。今天，历史似乎又在我们探讨的这一领域中重演。或者换种说法，我们从高峰体验所具有的最美好、最深刻、最普遍和最人道的意义上看，这类体验倒的确可以被看成真正的宗教体验。因此，对这方面的研究可能产生一个最重要的结果，即把宗教拉到科学领域中来。①（注：摘录中对原文中的加注文字有删节）

由于马斯洛是以人们熟知并且尊敬的历史名人和当代名人作为研究对象，因而他的发现具有很大的影响力。马斯洛的高峰体验理论，与他的需要层次理论、自我实现理论，被誉为他对世界心理学的三大杰出贡献。

自詹姆斯和马斯洛之后，神秘主义的形而上瞬间顿悟现象在西方得以正名。20世纪60年代随着二战后印度移民大量涌入西方，印度教和佛教文化在西方快速流布，以及80年代中国道教文化在西方引发研究热潮，都极大地促进了西方神秘主义研究的发展。西方学术界不仅接纳了来自东方的神秘顿悟思想，同时也极力挖掘自身宗教传统中的神秘顿悟思想。全球学术界的现代共识是，神秘主义的顿悟现象不是虚妄的，而是心理事实；不是不可知的，而只是未知的；不是完全非理性的，而是可以以理性方式分析研究的。学术界还认为，尽管宗教的神秘主义形而上瞬间顿

---

① 林方主编、马斯洛等著：《人的潜能和价值》，陈维正译，华夏出版社，1987年，366—368页。

悟现象在形式上与哲学的形而上思辨不同，尽管这种神秘的顿悟现象难以理解和阐说，但是形而上的神秘顿悟的宗教憧憬与形而上的哲学本体论思维在本质上是相同的，都是对世界最高存在者或世界终极实在的领悟，都是试图完整而彻底地认知人类所在的这个世界、完整而彻底地认知这个世界中的人类命运，从而试图找到人类存在于这个世界上的终极意义。当下世界学术界对神秘主义顿悟的理解大致都是如此，中外学者共同编著的《西方哲学英汉对照辞典》的释义如下：

> 这种观点主张，存在着一个超验的或终极的实在，它既不能被经验，也不能被理性把握。那个领域超出日常语言的描述范围，对它的知识只有通过长期精神教化所形成的神秘直觉才能达到。人一旦目睹这不可名状的终极实在，他就达到一种与它合一的快乐而痴迷的境界，这种合一构成人类生活的终极意义。[1]

自詹姆斯和马斯洛之后，世界学术界对神秘主义顿悟现象的研究取得了丰硕成果，整理出版了许多相关古籍文献，收集了大量的经历者案例，发表出版了许多专著和论文，提出了许多重要的学术观点，当然其中最重要的还是为神秘主义的瞬间顿悟现象

---

[1] （英）尼古拉斯·布宁、余纪元编著：《西方哲学英汉对照辞典》，王柯平等译，人民出版社，2001年，648页。

予以正名，确认了它在人类的形而上思辨和领悟中的非同凡响的积极作用。

然而，诚如当代不少中外学者批评指出的，自20世纪80年代之后，全球学术界对神秘主义顿悟现象的研究徘徊不前，没有出现突破性的新观点和新发现，没有接近神秘顿悟现象的核心奥秘，依然只是围绕神秘顿悟的种种现象打转，彻底破解其奥秘的希望看上去依然渺茫无期。

对此我的看法是，神秘顿悟现象的研究之所以裹足不前，原因首先在于学术界在这一研究的基础性概念上存在混乱。

这种基础性概念混乱，表现为没有对神秘主义形而上顿悟的各种相关形式作出必要的区分，而是混淆不辨，从而制约了研究的深入进行。这种基础性概念混乱的具体表现为：1.没有对形而上的神秘顿悟和非形而上的神秘顿悟作出明确区分；2.没有对直接的形而上顿悟和间接的形而上思辨作出明确区分。

先来看第一个基础性混乱，即没有对形而上的神秘顿悟和非形而上的神秘顿悟作出明确区别。

神秘顿悟有两种形式，一种是涉及形而上范畴的神秘顿悟，如意识突然间进入一个恢弘深邃的境界，仿佛突然领悟了最高存在者或终极实在，领悟了世界的最终秘密和人生的最高意义等，这些属于罕见的直接型的形而上神秘顿悟。还有一种比较常见的神秘顿悟，虽然也由于突然发生而显得神秘、也具有某种豁然开朗之感、也会带来极大的喜悦和振奋，但其内涵不涉及形而上范畴，因而属于非形而上的神秘顿悟。关于这类非形而上的神秘顿悟，在詹姆斯和马斯洛的著作中频频可见，如突然间对原本熟悉的某句格言、某个词句产生了全新的理解，如明明身处一处陌生的地方却突然间产生似曾相识的感觉，如面对自然风景突然感到无比美丽，如聆听音乐时突然陷入深深的陶醉；马斯洛还把企业家在完成某项工作计划时的喜悦、橄榄球运动员抱球冲过底线时的激动、家庭主妇在完美地举办了一次家庭宴会后收拾好客厅和厨房之后的欣慰，甚至把成年男子在一次满意的晚餐之后心满意足地点燃雪茄时的惬意也都划入神秘的瞬间顿悟。马斯洛为之创设了"高峰体验"概念，这一概念囊括了形而上的和非形而上的全部神秘顿悟。

显然，詹姆斯和马斯洛都非常重视神秘顿悟的突发性以及经历者由之产生的豁然开朗感，如詹姆斯说："豁然开朗的意识是'神秘'状态的根本标志。"[1]但问题是，詹姆斯和马斯洛在此都没有意识到有必要对神秘顿悟现象作出形而上的和非形而上的区分。形而上的神秘顿悟与非形而上的神秘顿悟有着根本的差异，若不对两者作出明确区分而是一概而论，则极易造成研究者的思维混乱、表述混乱和结论混乱。事实上我们的确可以读到大量的这类混乱的文本，因为将两者相提并论，或是为了迎合神秘顿悟的形而上维度而不适当地整体提升神秘顿悟的意义，或是为了迁就神秘顿悟的非形而上维度而不适当地整体降低神秘顿悟的评价，顾

---

[1] （美）威廉·詹姆斯：《宗教经验种种》，尚新建译，华夏出版社，2008年，295页。

此失彼，左支右绌，其结果是形而上的神秘顿悟和非形而上的神秘顿悟都不能得到准确定位，都难以得到更为深入的研究。

有必要改变这一情形。为此，为了区别马斯洛含混的"高峰体验"概念，我在此创设一个新的概念："巅峰体验"，我用巅峰体验这一概念专指神秘主义的形而上的瞬间顿悟。

再来看第二个基础性混乱，即没有对直接的形而上顿悟和间接的形而上思辨作出明确区别。

形而上神秘顿悟有的是直接发生的，有的则不是直接发生的，而是在非形而上的神秘顿悟的基础上间接发生的。当非形而上的神秘顿悟发生之后，会有两种情况。一种情况是，非形而上的神秘顿悟发生之后，经历者豁然开朗的激情渐渐平息，事情也就结束了。还有一种情况是，非形而上的神秘顿悟发生之后，经历者豁然开朗的激奋久久不能平静，他们在此基础上又展开了新一轮的更高层次的想象、推论和抒情，于是进入了形而上的思维境界。具体来说，比如突然间对原本熟悉的某句格言、某个词句产生了全新理解，使他进而领悟到了上帝这一最高观念；比如面对自然风景突然感受到的无比美丽，使他进而领悟到了神圣自然的最高观念；比如橄榄球运动员抱球冲过底线时的激动，使他进而领悟到了绝对意志的最高观念；比如家庭主妇在完美地举办了一次晚宴后收拾好客厅和厨房之后的欣慰，使她进而领悟到了至善理念的最高观念，等等。

后一类现象的特点是，它起初并不具备形而上的维度，但后来确实形成了鲜明的形而上指向。这种形而上思维，是经历者在非形而上神秘顿悟发生之后的想象、推论和抒情，因而是间接形成的形而上思维，这种间接的形而上思维不属于神秘的形而上瞬间顿悟，而是理性思辨的理性思维方式的延伸，属于理性思维范畴的形而上思辨。

这种间接的形而上思辨，尚没有一种称谓指称，那么怎么称谓它呢？詹姆斯《宗教经验种种》中在说到非形而上的神秘顿悟现象时，引用过一名心理医生提出的一个概念，唐钺教授把这一概念翻译为"如梦状态"。[①]需要有一个专用概念来指称这一情形，于是我采用詹姆斯的方式和唐钺教授的翻译再创设一个新的概念："如梦体验"，我用如梦体验这一概念专指由非形而上的神秘顿悟引发的间接的形而上思辨。

重述一遍：我用"巅峰体验"这一概念专指形而上的神秘顿悟，用"如梦体验"这一概念专指间接的形而上思辨。

需要进一步说说"如梦体验"。

如梦体验不是巅峰体验，即不是形而上的瞬间顿悟，而是形而上思辨。如梦体验与巅峰体验很容易混淆，在许多学者的研究中实际上就是混淆的，这也是神秘主义形而上瞬间顿悟研究中的一种常见乱象。如梦体验与巅峰体验在本质上和形式上有着极大差异，我们来看两者的这些差异。1.本质的差异。如梦体验看似

[①]（美）威廉·詹姆士：《宗教经验之种种》，唐钺译，商务印书馆，2002年，380页。

与巅峰体验有颇多相似，如同样可以出现出神、迷狂、强烈的喜悦感等现象，同样具有形而上指向，但两者本质上是不同的，巅峰体验是形而上顿悟，是超理性思维的瞬间直觉，是对形而上境界的直接抵达和直观洞见，而如梦体验是形而上思辨，是理性引领下的一个递进的思维演绎过程，它是通过想象、推论和抒情等属于理性思维范畴的思维形式而展开的形而上之思。2. 发生频率的差异。巅峰体验是一种极少发生的现象，按照基督教的说法，只有被上帝选中的少数非凡人物才有可能进入那一非凡的神秘境界，"按照信条，只有少数受选者才能了解真正的奥秘"。① 许多宗教人士终生修行以试图获得这样的体验却不入奥堂。比利时的保罗·费尔代恩（Paul Verdeyen）教授在研究中发现："教会敬重许多圣徒，而他们在一生中都肯定从来没有达到神秘主义的最高境界，即静观上帝。"② 而如梦体验则是比较容易发生的事情，事实上绝大多数的形而上神秘体验案例都是如梦体验。3. 呈现境界的差异。巅峰体验所呈现的初始境界是朦胧模糊的，无法辨识和无法言说，如老子所说："道之为物，惟恍惟惚。"③ "道可道，非常道。名可名，非常名。"④ 而如梦体验所呈现在经历者意识中

---

① （德）G. G. 索伦：《犹太教神秘主义主流》，涂笑非译，四川人民出版社，2000年，21页。

② （比利时）保罗·费尔代恩：《与神在爱中相遇：吕斯布鲁克及其神秘主义》，陈建洪译，中国致公出版社，2001年，138页。

③ 《老子》二十一章。

④ 《老子》一章。

的境界则是清晰可辨的,是可以畅说的。4.意识消长的差异。巅峰体验过程中会出现一种极为短暂的特有现象,即经历者的全部感官感觉瞬间消失,意识处于黑暗状态,而如梦体验则没有这种意识断片现象,始终保持着清晰意念和丰沛意象。5.发生机理的差异。这是两者的根本性差异,巅峰体验是深层次的源于潜意识的突发现象,因而既是生理性现象也是心理性现象,但主要是一种生理性现象,而如梦体验虽然同样既是生理性现象也是心理性现象,但是作为相对浅层次的现象,则主要是一种心理性现象,甚至主要是一种文化性现象。6.思想程度的差异。巅峰体验是源于人的潜意识的最本原的形而上领悟,而如梦体验作为一种次生的形而上思辨,达不到巅峰体验那样的纯洁纯净度。以上只是概略表述,相关情形的详细论说将在本书中逐渐展开。如梦体验虽然有一个神秘顿悟的前因,但是这一前因是非形而上的,此后的形而上思辨与这一前因虽然有关联,但这种关联并不是不可或缺的,比如很多有着这一前因的人却没有继而进入形而上思辨,而许多没有这一前因的人却可以进入形而上思辨,如许多宗教信徒、许多诗人和作家、许多倾心于形而上思辨的思想者就是这样。其实,我们不妨扩大如梦体验这一概念的范围,不妨把凡是既不同于本体论哲学也不同于巅峰体验的、不论有无神秘顿悟前因的所有的形而上之思,都算作如梦体验,这样的概念扩大其实更为合情合理。

以上的论说似乎是说如梦体验不如巅峰体验,其实不然,以上只是说两者的不同，实际上对于具有形而上指向的如梦体验，我们没有理由不予以真诚的尊重。如前所述，人类有两种基本方式可以达至形而上思辨，这就是哲学的理性主义的形而上思辨和宗教的神秘主义的形而上思辨（亦即巅峰体验），但是在这两种基本方式中间，实际上还有一种方式，即第三种方式，这就是如梦体验。如梦体验是介于哲学宏观沉思和宗教巅峰体验两者之间的思维样态，它从哲学的宏观沉思和宗教的巅峰体验中汲取思想养料，它以想象、推论和抒情的方式展开思辨。虽然它达不到哲学宏观沉思那样的理性高度和宗教巅峰体验那样的本原性纯净度，但它同样也是高贵的形而上之思，同样也可以创造出非凡的思想硕果。尤其值得赞赏的是，如梦体验没有哲学宏观沉思那样的思辨难度，也不像宗教巅峰体验那样罕见难得，它是最容易发生的形而上之思，具有广泛的发生基础，而且它是与人类的现实社会保持着最为鲜活关系的形而上之思。从人类思想史来看，正因为如梦体验与人类的现实社会保持着最为鲜活的关系，因而它在人类历史上发挥了巨大的积极作用，这种巨大的积极作用绝不亚于哲学的宏观沉思和宗教的巅峰体验。

小结一下。

对世界最高存在者或终极实在，以及进而对世界本质和人类存在意义的形而上探索，是人类的一种强烈的精神欲求，对它的思辨和领悟，是人类精神活动的巅峰。

人类可以通过哲学的宏观沉思和宗教的神秘顿悟抵达形而上

思维，除此之外，还可以通过如梦体验抵达形而上思维。

其中可以抵达形而上神秘顿悟的巅峰体验，是这样一种神秘现象：经历者在毫无预兆的情形下，突然感觉到一种极其强烈的身心震撼，他会在冥冥之中"看"到一种朦胧模糊的无法辨识的境界，他会随后短时间地丧失意识，他完全无法言说这一境界，只是感到无比的欢欣喜悦，他仿佛因而突然获得了对世界最高存在者或终极实在的领悟，突然洞见了世界的最高秘密和人类存在的终极意义。这一神秘的直观的形而上瞬间顿悟，一闪而现，转瞬即逝。

这三种方式中的哲学宏观沉思和如梦体验是建立在理性思维的基础上的，是理性的和基本理性的，是可以理解和阐说的，而瞬间顿悟的形而上的巅峰体验则一直笼罩在浓郁的迷雾之中，被视为无理性的、非理性的或超理性的，迄今难以理解和阐说。

我这本书所要探究的，就是这种神秘主义的形而上瞬间顿悟的巅峰体验。

第二章
巅峰体验的前过程：朦胧模糊境界、意识突然消失

美国哲学家、心理学家詹姆斯在1902年出版的被公认为现代神秘主义顿悟研究开山之作的《宗教经验之种种》中，提出了神秘顿悟体验有以下四个特征：1.超言说性（经历者无法用适当的语言表达该状态）；2.知悟性（经历者在该状态中获得某种彻悟）；3.暂时性（该状态持续时间相当短暂）；4.被动性（该状态的发生总是不期而至而且在该状态中经历者的理智暂时消失）。詹姆斯还特别指出了在这一顿悟中经历者会获得一种形而上的关于世界最高统一性的一元论彻悟，"一种真正的形而上的启示"。[1]

詹姆斯重视形而上的神秘顿悟体验即巅峰体验的特征分

---

[1] （美）威廉·詹姆士：《宗教经验之种种》，唐钺译，商务印书馆，2002年，377—384页。

析，这一重视特征分析的方式成为此后学术界研究巅峰体验的基本范式。

此后西方学术界出现的研究神秘顿悟现象的专著，其方法论大都沿袭了这一范式。如英国哲学家 W. T. 斯特斯（W. T. Stace）提出巅峰体验具有八个特征：1. 整体观念，所有事物是统一的，是整体的部分；2. 超越时间和空间；3. 实在感，不是主观的，而是知识的一个可靠的来源；4. 感恩、狂喜、和平和幸福；5. 圣洁的、庄重的、神圣的感觉；6. 悖论的、违反逻辑的；7. 超言说的，不能用语言描述的；8. 失去自我感。[1] 如美国宗教心理学家玛丽·乔·梅多（Mary Jo Meadow）和理查德·德·卡霍（Richard D. Kahoe）的特征归纳：1. 统一的感觉，即万物一体的感觉，此时作为单独实体的自我意识消失；2. 难以表达性，神秘主义者在力图解释他们的感受时遇到难以言说的困难；3. 真实性，神秘主义者坚信他们的感受是真实的；4. 超越时空性，空间和时间在体验中没有知觉；5. 直觉的特征，神秘主义给人以"被灌输"知识的感觉，即不通过思维便能感悟；6. 似是而非性，经历者似乎有所领悟又似乎一无所知。[2] 如宗教心理学家 M. 拉斯基（M. Lasky）用经历者的心理感觉来概括巅峰体验的特征，这些特征

---

[1] （英）麦克·阿盖尔（Michael Argyle）：《宗教心理学导论》，陈彪译，中国人民大学出版社，2005 年，57 页。

[2] （英）玛丽·乔·梅多、理查德·德·卡霍：《宗教心理学——个人生活中的宗教》，陈麟书等译，四川人民出版社，1990 年，215—217 页。

第二章　巅峰体验的前过程：朦胧模糊境界、意识突然消失

包括喜悦感、瞬时感、意外感、稀有感、宝贵感、非凡感、新生感、满足感、拯救感、净化感、荣耀感、永恒感、升华感、无时间感等。① 还有一些研究者作出了更为繁复的特征分析归纳，但大多是不曾划分如梦体验和巅峰体验的分析归纳，对于研究巅峰体验无多助益。

对巅峰体验特征的研究，对于认知巅峰体验无疑是非常重要的，可以使我们对这一神秘现象的种种征象获得相当丰满的感性认识，深化我们对巅峰体验的了解。

然而，这种几近模式化的研究范式，恰恰又是导致神秘顿悟研究裹足不前的又一重要原因。我认为，对于巅峰体验研究来说，最重要的不是研究巅峰体验的特征，而是研究巅峰体验的过程。巅峰体验作为活动性事件，有一个生灭过程，这一过程就是巅峰体验的内在状态，就是巅峰体验本身。至于特征，只是这一过程的种种征象的显示。分析种种现象特征，未必可以使我们了解过程，因为特征往往是散乱的、无序的，但如果了解了过程，则肯定可以使我们更清楚地理解特征。当我们了解了巅峰体验的过程，即了解了巅峰体验的内在状态，我们也就可以清楚地分辨和厘清这些特征的发生顺序、发生原因、相互之间的逻辑关系；我们还可以因而发现在此前的研究中遗漏了哪些特征、误读了哪些特征、哪些核心特征没有得到应有的充分关注等等。总之，只有

---

① 王六二：《宗教神秘主义的性质》，《世界宗教研究》，1996年，1期。

充分了解巅峰体验的具体过程，才有可能彻底揭示巅峰体验的内在状态，才有可能真正了解特征，也才有可能真正破解巅峰体验的核心奥秘。

因而，我在这本书中尝试一种新的研究方式，即着重于对巅峰体验的过程进行研究。我相信这样的方法论的创新对于巅峰体验的深入探究是有意义的。

不过在此须说明一点，在我对巅峰体验过程的研究中，此前研究者对种种特征的分析对我是大有帮助的，读者可在阅读本书时对照参考。

巅峰体验的过程，是巅峰体验的经历者在自己意识中经历的过程，是一种意识现象，是一个突发的意识形态从生成到湮灭的过程。根据对大量相关案例的分析概括，这一过程可以分为前后两个部分，其中前过程包括四个环节：1. 突然发生；2. 出现光亮现象；3. 出现朦胧模糊境界现象；4. 出现意识消失现象。后过程包括两个环节：1. 意识恢复与瞬间顿悟；2. 后续思辨。

现就巅峰体验前过程的四个环节分述如下。

一、突然发生

巅峰体验总是毫无预兆地突然发生，这种突发性被认作巅峰体验的第一特征。巅峰体验发生时，可以是你正在野外，也可以是你身处居室，可以是你正全神贯注于某件事情之时，也可以是你无所事事心神涣散之际，总之巅峰体验可以在任何不同的时间和不同的地点发生，唯一相同的是，它是在你完全预想不到的情形下突然发生的。

马斯洛说：

> 高峰体验都是以毫无预料、突如其来的方式发生的。我们无法预计它们会在什么时候出现。①

由于这种无法预料的突然性，经历者会感到自己是完全被动地接受巅峰体验的，詹姆斯等学者又将这一特征称为被动性。如马斯洛所说：

> 就我们迄今所看到的高峰体验来说，其中大多数都具有被动感受的性质。高峰体验降临于人，而人则必须能够做到听其自然。人不能强迫、控制或支配高峰体验。
>
> 意志力是无用的，奋力争取和竭力遏制也是无用的。对这类体验我们只须让其自然发生。②

大量的经历者案例都提到了这种不知由来的突发情形以及

---

① 林方主编、（美）马斯洛等著：《人的潜能和价值》，陈维正译，华夏出版社，1987年，372页。

② 同上书，379页。

被动感觉，如16世纪宗教改革家、日内瓦神父加尔文（Jean Chauvin，1509—1564）在说到他所经历的一次神秘顿悟时说：我不知道它是怎么发生的，只知道它发生了，如此而已。[①] 这一类的案例报告不胜枚举。

巅峰体验的突发性和被动性特征，是20世纪初及50年代由詹姆斯和马斯洛等学者提出的，但在20世纪下半叶东方神秘主义思想深入影响了西方社会之后，尤其是在21世纪以来以东方神秘主义为基础的种种灵修实践在西方盛行之后，这一特征受到了质疑。东方宗教一直认为，某些宗教修行行为是可以人为地、主动地引发神秘顿悟的，如印度教的瑜伽、佛教的禅定、伊斯兰教苏菲派的"齐克尔"（注：长时间反复地高声或默声赞颂真主）等就是这样。也就是说，在东方宗教修行者和西方灵修者看来，巅峰体验并非完全是突发的和被动的，也可以是人为地主动引发的。马斯洛当时就意识到了这样的挑战，他因而指出：一些宗教修行行为的确可以提高高峰体验的发生概率，"但是，没有任何一种途径能够确保产生这种体验"。[②] 马斯洛意在维护巅峰体验的突发性和被动性特征之说，但是显然马斯洛辩护的说服力不够。

面对东方宗教修行和西方灵修实践的质疑，巅峰体验的突发

[①] （美）约翰·派博：《至高喜乐的传承：在恩典中得胜的人奥古斯丁、马丁·路德、加尔文》，杜华译，中西书局2011年，131页。
[②] 林方主编、（美）马斯洛等著：《人的潜能和价值》，陈维正译，华夏出版社，1987年，373页。

性是一个绕不过去的问题，必须做出更为充分的论证。我尝试论证如下。

首先，我们应当承认巅峰体验的发生的确有两种形式，一种是毫无预兆地突如其来地自然发生的，另一种是通过宗教修行和灵修实践而人为引发的。我把自然发生的巅峰体验称为"自发型巅峰体验"，把人为引发的巅峰体验称为"引发型巅峰体验"。在做了这样的确认和划分之后，我们再来分析两者的差异。两者的差异包括：1."自发型巅峰体验"的发生是无条件、无前提的，虽然实际上极少发生，但在理论上任何人在任何情形下都有可能突然发生。"引发型巅峰体验"的发生则是有条件、有前提的，只有特定的个人才有可能产生，如必须是虔诚的修行者，如必须长时间地独自静坐，必须排除所有心头杂念，必须凝神于空无之境，等等。2."自发型巅峰体验"的发生是完全无意识的，是一个自然而然的突发性事件。"引发型巅峰体验"则是一个有意识、有准备、有一整套技术技巧相辅助的事件，它以催生巅峰体验发生、模仿巅峰体验的境界为目的，是主观意图明确的一种身心实践行为。3."自发型巅峰体验"的发生是一种纯粹生理-心理现象，虽然在随后思辨时受到传统文化的影响，但就其发生而言，不受传统文化的任何影响。"引发型巅峰体验"则既是一种生理-心理现象，也是一种明显的文化现象，它的发生以及随后思辨都受到经历者所处的传统文化的深刻影响，甚至是决定性的影响。

4."自发型巅峰体验"所体验到的是巅峰体验,而"引发型巅峰体验"所体验到的则大多是如梦体验。通过以上对两者差异的分析,我们可以得出这样的结论:虽然形式相似,但"自发型巅峰体验"和"引发型巅峰体验"实际上是大不相同的,"自发型巅峰体验"作为深层次的生理－心理现象,无疑是不可支配、不可预料的突发性现象。至于"引发型巅峰体验",虽然确实可以人为引发,但是引发的成功率很低,这种人为引发的神秘顿悟究竟能否发生、何时发生、发生后能否达到巅峰体验的高度,仍然是不可确定、不可预料的,因而当它当真发生时,仍然应该视为突然的、被动的。

在此做一个说明:本书以下凡是提到"巅峰体验"的,都是指自发型巅峰体验,若言说引发型巅峰体验时,则专门注明"引发型巅峰体验"。

二、出现光亮现象

许多案例记录了经历者在巅峰体验突然发生时他们在自己的内在意识中看见了光亮。不同的经历者看见的光亮形态不同,有的是光束,有的是繁星般的光点,有的是弥漫型的散光;光亮的亮度感觉也不一样,有的感觉微弱,有的感觉明亮,有的感觉非常明亮;有的经历者甚至产生了火的意象,这应该是光亮感的极

第二章 巅峰体验的前过程：朦胧模糊境界、意识突然消失

致形态。詹姆斯注意到了这一现象，他说："有一种感觉自动症，由于频频发生，或许值得特别注意。我是指幻觉或半幻觉的发光现象，即心理学家所说的幻光。"[1] 詹姆斯把这一现象理解为幻觉或幻光。

但在神秘主义者看来，这一现象是神秘顿悟即巅峰体验即将发生的先兆，在巅峰体验突然发生之前往往会产生这样的现象。佛经中有"若见电光，暂得见道"之说，[2] 说的是修行者在禅定中一旦产生了光亮感，便有可能突然悟道。

斯里兰卡南传佛教德宝法师（Bhante Henepola Gunarana）说，修行者在初入禅定时应专注于意念：

> 你应该始终专注于此，坚持不懈。这种忆念也会被微弱的亮光取代，如果出现这种情况，你就专注于后者。这是个极重要的时刻，你即将证入禅那。这种亮光就是它的征兆。[3]

基督教神秘主义者将这种意识中突然出现的光亮理解为上帝

---

[1] （美）威廉·詹姆斯：《宗教经验种种》，尚新建译，华夏出版社，2008年，182页。
[2] 《摩诃止观》卷九。
[3] （斯里兰卡）德宝法师：《深度禅修》，聂传炎、张安毅译，海南出版社，2013年，136页。

莅临，认为这就是巅峰体验的经历者即将与上帝会合时的情境。欧洲基督徒的案例中这类记录非常之多，14世纪的德国神秘主义大师艾克哈特（Meister Eckhart，1260—1327）总结说：有一种神圣的光，会像"心灵的火花"一样进入灵魂深处，经这神圣之光的照射，灵魂便欣喜若狂地飞向上帝的空虚静寂之境，进入永恒不变的世界。[1]

为什么在巅峰体验即将发生之时，经历者会产生这种光亮感觉呢？缅甸的焦谛卡禅师（Sayadaw U Jotika）认为这是修行者精神高度专注导致的，他说："禅修者有时会体验到亮光，这是心非常专注的现象。这些亮光有不同的形状和颜色，……这是定和精力的征兆。"[2] 现代脑神经科学的研究证实，当人的脑神经系统超高速运作时，的确会产生亮光现象。美国宗教心理学家丹尼尔·布朗（Daniel Brown）曾对数名资深禅修者进行过脑电波测试，发现当受试者进入深度禅修状态时，意识中会出现连续光亮闪烁的瞬间，这些瞬间光亮以极快的速度闪过，淹没在强烈的白光之中。布朗认为，受试者的反应实际上是在自己的记忆中对指定命题的相关范畴进行快速"搜索"、快速"匹配"，从而实现"顿悟"，而这一过程相似于"高速信息-处理过程"实验，大脑神经元处于超高速的链接-选择的运作之中。[3] 也就是说，巅

---

[1] （美）G. F. 穆尔：《基督教简史》，郭舜平等译，商务印书馆，1981年，193页。
[2] （缅甸）焦谛卡禅师：《禅修指引》，果儒译，海南出版社，2013年，159页。
[3] （美）肯恩·威尔伯、杰克·安格勒、丹尼尔·布朗：《意识的转化》，李孟浩等译，中国出版集团东方出版中心，2015年，148—153页。

峰体验发生之前产生的亮光现象，是大脑神经元超高速运作的化学-物理反应。这表明当巅峰体验发生时，大脑神经元之间的打通、对接与信息提取会产生很大的应力，不同于平常的神经元联通。

三、出现朦胧境界现象

光亮现象之后，经历者的意识中将出现一个朦胧模糊的境界。

这是巅峰体验过程中的两个关键环节之一，它与随后发生的经历者的意识突然消失的现象，是巅峰体验的核心秘密。经历者在巅峰体验以及后续思辨中所获得的所有奇特和非凡的感受感悟，都与这两个环节密切相关。

那么这一环节所呈现的是一个怎样的境界呢？

说起来却又非常简单，根据案例总结，经历者们看到的是这样一个境界：这是一个朦胧模糊的境界，可以影影绰绰地看到其中有许多活动的物体，但这些物体却难以辨识，不知道它们是些什么，而且这一境界在突然呈现之后便迅即湮灭。

我们来看历史上一些最重要的巅峰体验经历者对这一境界的述说。

先来看古代中国老子对这一境界的述说。老子是巅峰体验的经历者，他的"道"思想就是对巅峰状态的直接抵达，就是对世界最高存在者的直观领悟。在《老子》一书中，老子对这一朦胧

模糊的境界述说如下:

> 视之不见名曰夷,听之不闻名曰希,搏之不得名曰微。此三者不可致诘,故混而为一。其上不皦,其下不昧,绳绳不可名,复归于无物。是谓无状之状,无物之象,是谓惚恍。迎之不见其首,随之不见其后。①

任继愈先生的译文如下:

"看它看不见,叫作'夷',听它听不到,叫作'希',摸它摸不着,叫作'微'。这三者无法进一步追究,它实在是一个东西。它上面并不显得光明,它下面也不显得阴暗,渺茫难以形容,回到无形无象的状态。这叫作没有相状的相状,不见形体的形象,这叫作'惚恍'。迎着它,看不见它的前头,跟着它,看不见它的背后。"②

> 道之为物,惟恍惟惚。惚兮恍兮,其中有象;恍兮惚兮,其中有物;窈兮冥兮,其中有精,其精甚真,其中有信。③

---

① 《老子》十四章。
② 任继愈:《老子新译》(修订本),上海古籍出版社,1985年,89—90页。
③ 《老子》二十一章。

第二章 巅峰体验的前过程：朦胧模糊境界、意识突然消失

任继愈先生的译文如下：

"'道'这个东西，没有固定的形体。它是那样的惚恍啊，惚恍之中却有形象；它是那样的恍惚啊，恍惚中却有实物；它是那样的深远暗昧啊，深远暗昧之中却涵着极细微的精气（任注："精"与"气"，都是极细微的物质性的实体），这极细微的精气，最具体、最真实。"[1]

从以上陈述中可以得知，老子所看到的这一境界是朦胧模糊的，恍恍惚惚，幽幽暗暗，可以确定其中存在着一些物体，但是看不清楚它们是什么，它们有象而无形，无法予以言说。

我们再来看古代印度佛教创始人释迦牟尼的相关述说。释迦牟尼和老子同为古代东方最伟大的神秘主义思想家。

释迦牟尼没有明确说到巅峰体验初始阶段的这一境界，但是他的关于万物起源的"缘起说"透露了他的相关感受。释迦牟尼"缘起说"的大意是：世界上最初活动着许许多多尚未成为物体的东西，它们源源而出，无穷无尽，它们中如果彼此因缘相合就会组合成某样确定的物体，从而成为现实的存在物。显然，从视觉感受来看，释迦牟尼的缘起画面与老子的朦胧模糊的画面有很高的相似度，我们有理由认为释迦牟尼的缘起说脱胎于他对巅峰体验初始环节的直观视觉感受。

德宝法师的著作中提及了朦胧模糊境界的情形，可以参看。

---

[1] 任继愈：《老子新译》（修订本），上海古籍出版社，1985年，104—105页。

德宝法师说，初禅所见的情形会让经历者大感不解："最初，可能只是些稍纵即逝而且十分难以识别的体验。最初出现这种奇怪而难以名状的体验时，你通常会大为吃惊：那是什么？刚才发生了什么？"① 这种让人吃惊的"十分难以识别的"具体情形又是怎样的呢？德宝法师说，在初禅中所看到的境界是朦胧模糊的，其中的那些物体无法辨认：那些物体好像是用眼角的余光看见的而不是用正眼看见的，看不清楚，只是感觉那些物体是一些"未成形的事物"，对那些物体只有纯粹的直观，没有任何认知，不知道它们是什么，好像是第一次看见它们一样，这一境界转瞬即逝。② 德宝法师的述说可以代表佛家对这一朦胧模糊境界的直观感受。

我们再来看古代欧洲，看公元 3 世纪古罗马哲学家普罗提诺（Plotinus，205—270）的述说。

普罗提诺是古罗马时期最重要的宏观哲学家，又被称为西方神秘主义之父。普罗提诺曾多次经历过巅峰体验，他在《九章集》中所表述的世界事物产生之初时所呈现的情形，显然就是他对这一境界的视觉直观感受。

普罗提诺说，他在这一境界中所看到的那些物体"非常模糊不清"，那些物体"没有形状"。对于这些模糊不清"没有形状"

---

① （斯里兰卡）德宝法师：《深度禅修》，聂传炎、张安毅译，海南出版社，2013年，136页。

② （斯里兰卡）德宝法师：《观呼吸：平静的第一课》，赖隆彦译，海南出版社，2009年，186—187页。

的物体，普罗提诺的评价很低，认为它们是现实物体在意识中的仿制品，而且是"暗淡无光和软弱无能的仿制品"，是"没有什么价值的玩偶"。①因而普罗提诺说：

> 如果说产生这些强烈渴望的事物本身是完全没有形状的，甚至可理知的形状也没有，我们不应该再感到吃惊。②

普罗提诺所说的这些物体"没有形状"，是指这些物体的形状不清晰，无法识别，无法归类，相似于老子所说的"无状之状，无物之象"，也相似于佛家所说的"未成形事物"，亦即"非常模糊不清"的意思。

显然，无论是东方的巅峰体验经历者还是西方的巅峰体验经历者，无论是道家还是佛教或是其他宗教的巅峰体验经历者，对于这一环节、这一境界的视觉直观感觉是基本相同的。

根据以上案例概括一下这一境界的基本特征：1.这一境界朦胧模糊；2.在这一朦胧模糊的境界中有物体存在；3.这些物体是活动的；4.这些模糊的物体难以辨识，无法言说。

这一朦胧模糊的境界转瞬即逝。

---

① （古罗马）普罗提诺：《九章集》（下册），石敏敏译，中国社会科学出版社，2018年，337页。
② 同上书，727页。

四、出现意识消失现象

接着进入的是一个更加难以思议的环节,在这一环节中,经历者的感官感觉和意识突然消失。在上一个环节,虽然经历者不能辨识那一境界的那些物体,但是毕竟还能够"看"见那一境界,还有"看"的视觉感官感受,还有模糊的意识,但在这一环节,经历者"看"到的朦胧境界突然消失,经历者的感官感觉也随之消失,经历者所有的意识统统消失了。

这是巅峰体验过程中的又一个关键环节,它与刚才发生的朦胧模糊境界的环节是巅峰体验的核心秘密所在,经历者在巅峰体验以及后续思辨中所获得的所有奇特和非凡的感受感悟,都与这两个环节密切相关。

这一神秘环节的情形,用公元初的经历者普罗提诺的话说是:"[经历者]在达到最深层时,什么也意识不到。"[1] 用中世纪经历者西班牙圣徒特蕾莎(Saint Teresa,1515—1582)的话说是:"[在与上帝]会和持续的短暂时间里,她好像失去一切感觉,即便她要思想,也不会想起任何一件事。"[2] 用现代经历者法国思想家乔治·巴塔耶(Bataille Georges)的话说是:"主体在体验中

---

[1] (英)安德鲁·洛思:《神学的灵泉:基督教神秘主义传统的起源》,孙毅、游冠辉译,中国致公出版社,2001年,118页。

[2] (美)威廉·詹姆斯:《宗教经验种种》,尚新建译,华夏出版社,2008年,295页。

迷路，在对象中消失，而对象本身消解了。"①

伊斯兰教的神秘主义派别苏菲派非常看重这一意识消失现象。

苏菲派把为获取神秘顿悟即巅峰体验而进行的修行过程分为"情迷""心迷""神迷"三个阶段，其中"情迷"相当于修行的准备性阶段；"心迷"是修行的入定阶段，相当于出现朦胧模糊境界的阶段；而"神迷"则相当于感觉和理智消失的阶段。苏菲派认为"神迷"阶段是神秘顿悟的最高阶段，是真主莅临与经历者合而为一的时刻。在苏菲派看来，当这一神圣时刻到来之时，人的自我意识就完全消失了，一切归于真主。

11世纪伊斯兰苏菲大师艾布·嘎希姆·古筛勒（约986—1073）这样说道：

> 至于"神迷"，它是超越"心迷"后的一个境界，人性特征彻底消失，所有的存在只是真主，因为在真境的光华显露之后，人性特征是无法停留的。

> "神迷"使修道者泯灭。

> 只有在绝对为了真主时，人才会进入"消失"的状

---

① （法）乔治·巴塔耶：《内在体验》，尉光吉译，广西师范大学出版社，2016年，86页。

态，而一旦进入这一状态，便会失去意识、理智、理解和感觉。

　　如果他由于感觉被剥夺而不见万物，完全意识不到真境中所出现的、所掌控的一切，那就是合一之合一。……合一之合一则是意识的全部消失。①

佛教同样非常看重这一意识消失现象。

佛教的禅修，就是要主动地清除修行者的所有感官感觉和理智，从"有觉有观"达至"无觉无观"，即从有感官感觉和有理智的状态达至无感官感觉和无理智的状态。根据佛教理论，当修行者达到了无觉无观的境地时，也就进入了无苦无乐、无喜无忧、无生无死、空寂无我的清净静寂境界，而这也就是佛教修行的最终目的涅槃境界。

那么在这一环节中，经历者有着怎样的具体感受呢？案例报告表明，当经历者进入这一环节时没有任何感受，意识中一片黑暗。

也就是说，这一环节呈现在经历者意识中的是一个黑暗的境界。

这个经历者意识突然消失的黑暗时刻，在基督教神秘主义神

---

① （古阿拉伯）艾布·嘎希姆·古筛勒：《古筛勒苏菲论集》，潘世昌译，商务印书馆，2016年，56—60页。

第二章　巅峰体验的前过程：朦胧模糊境界、意识突然消失

学家的想象和阐释下，被认为是神秘体验最神圣的巅峰时刻：这是上帝莅临的时刻，是上帝与虔诚的基督徒相会合的时刻，但是上帝不可以被看见，上帝匿身于黑暗之中，所以一片黑暗。基督教有一个专用概念称谓这一时刻，即"神圣黑暗"。

"神圣黑暗"这一概念，源自1世纪犹太神学家斐洛（Philo，公元前30—公元40）对《圣经·出埃及记》中一段记载的化用。《出埃及记》中记载，以色列人在先知摩西（Moses）的带领下逃离埃及后在西奈山下扎营，摩西听见上帝在西奈山上召唤他上山聆训。摩西上山后看见上帝所在的山顶被乌云笼罩，他向上走去，走进乌云笼罩的幽暗之中。摩西在山上待了四十天，在此期间，摩西只能听见上帝的声音，不能看到上帝的真容。按照《圣经》记录，上帝是俗世的人们不可见、不可言和不可知的，除了《出埃及记》之外，又如《约翰福音书》说，"从来没有人看见上帝"，《罗马书》说，"他的踪迹何其难寻"，《歌罗西书》《提摩太前书》和《希伯来书》都说到上帝是"不能看见的"。斐洛注意到了《出埃及记》这段记载中黑云与上帝不可得见的关系，于是用"神圣黑暗"来解释经历者此时意识中的黑暗，来指称上帝莅临与人的灵魂会合的时刻。斐洛写道：

> 当上帝之光照耀的时候，属人的光便暗淡下来；而当神圣之光退去，属人的光便又破晓升起。这就是在那些先知者中间所发生的情况。当圣灵临到时，心灵便被

逐出，而当圣灵离去，心灵便又回到它的领地。可朽的和不朽的不能分享同一处府邸。因而当理性的光暗淡下来时，环绕它的黑暗便产生了入神并激起狂喜。①

斐洛的这段文字说道：当上帝莅临时，人的理性便暗淡了，理智消失了，人被黑暗所环绕并在黑暗中入神和充满狂喜。显然，这是只有亲身经历过巅峰体验的人才有可能写出来的文字，因为它摹写的状态符合巅峰体验的诸多特征。由于《圣经》中多有上帝不可见、不可言和不可知的记写，因而在基督教语境中，用"神圣黑暗"来指称神秘的巅峰体验，显然非常妥帖，是一个几乎严丝合缝的比喻。英国宗教史学家安德鲁·洛思（Andrew Louth）指出，斐洛是基督教"神圣黑暗"概念的创始人，是第一个用"神圣黑暗"来诠释神秘的巅峰体验的基督教神学家。②

此后基督教神学家开始频频使用"神圣黑暗"这一概念来表达巅峰体验，如4世纪神秘主义神学家尼撒的格里高利（Gregorg of Nyssa，约335—395）在他的著作中写道：

"……灵魂被从感官现象引向不可见之世界。这种意识就是一种云雾，它遮蔽了所有的现象，引导灵魂逐步

---

① （英）安德鲁·洛思：《神学的灵泉：基督教神秘主义传统的起源》，孙毅、游冠辉译，中国致公出版社，2001年，44页。

② 同上书，212页、240页。

地适应去寻求那所隐秘的。再次，当灵魂通过这些阶段进步到更高，而越过了人性所能获得的一切之时，她便进入了神性知识的秘室，其中她被神秘的黑暗与四周完全隔绝。她把所有能力感觉和理性所把握的东西都留在了外面，唯一为其所沉思的便是那不可见和不可理喻的。于是上帝在这里便如《圣经》就他与摩西所告诉我们的：'摩西就走近上帝所在的幽暗之中。'"①

5世纪的神秘主义神学家狄奥尼修斯（Diongsius，生卒年不详）对基督教神秘主义顿悟理论有着重要发展。他的《神秘神学》一书由于言简意赅，流布广泛，对后世基督徒影响很大。② 他在《神秘神学》中以诗的形式赞颂"神圣黑暗"：

高于任何存在、任何神明、
任何善的三位一体啊！
基督徒在智慧天国中的向导啊！
引导我们向上越过无知与光，
上升到神秘的《圣经》的最远、最高的巅峰，

---

① （英）安德鲁·洛思：《神学的灵泉：基督教神秘主义传统的起源》，孙毅、游冠辉译，中国致公出版社，2001年，109—110页。
② 关于历史上是否真有狄奥尼修斯其人，西方学术界颇有争议，但对托名狄奥尼修斯的《神秘神学》一书在5世纪时出现，则基本上没有异议。

> 在那儿有上帝之道的奥秘,
> 它们单纯、绝对而不可更易,
> 处于隐秘的寂静的辉煌黑暗之中。
> 它们在至深的幽暗之中
> 把淹没一切的光撒遍在最清楚者之上。
> 它们在完全感觉不到和看不见的事物中
> 用超越一切美的宝藏
> 充满我们无视力的心灵。①

"神圣黑暗"就是经历者的感官感觉和理智完全消失的境界,这一比喻由此成为基督徒对神秘的巅峰体验的标准表达,如梦体验者也常常把它用来作为如梦体验的标准表达。

然而这种"神圣黑暗"之喻,并非基督教独有,其他宗教也有相似的表达。

在南传佛典中,也可以读到这样神圣的黑暗时刻。

南传佛典是指流传于东南亚的古老的巴利文佛典。南传佛典保存了一些尚未汉译的佛教初期典籍,其中有释迦牟尼的如下述说:

> 彼处星不闪,日无光,月不照,唯牟尼自知彼处,
> 由其寂灭而成如梵。

---

① (伪)狄奥尼修斯:《神秘神学》,包利民译,商务印书馆,2012年,95页。

比丘众啊！彼处亦无地水火风，亦无空无边处，识无边处，无所有处，非想非非想处。也无此世彼世，日月俱无。比丘众啊！我于彼处不名来，不名去，亦不名住或灭或生。彼非定住，非发端，亦非依存之物，是即苦灭涅槃。①

译文：

那个地方星星不闪烁，太阳没有光，月亮不照耀，只有我知道那个地方，我就是在那个地方寂灭而成为最高神圣者的。

众信徒啊！那个地方没有大地，没有河流，没有火，没有风，也没有"空无边处""识无边处""无所有处""非想非非想处"。那里不分此世和彼世，没有太阳和月亮。众信徒啊！说我是从那个地方来的不对，说我是往那个地方去的不对，说我是在那个地方住留的或是寂灭的或是诞生的也不对。那个地方没有固定所在，不是生命开始的地方，不是身体可以感觉到的物质实体，那个地方就是解脱了所有苦难的涅槃。

那么道家有没有说到这种神秘黑暗呢？

《老子》第一章概说"道"时，说道乃"玄之又玄，众妙之门"。"玄"字的本义为深黑色，如果按照本义直译，老子此句是说：作为化生万物的道，很黑很黑。但是后世对老子道之"玄"

---

① 张曼涛：《涅槃思想研究》，东方出版社，2016年，27—28页。

的通行解释不是"很黑很黑",而是采用"玄"的衍义玄奥、玄秘等。陈鼓应先生《老子注译及评介》一书中收集了宋代以降若干学者对"玄"的释说,由之可见"玄"由深黑色之本义向玄奥、玄秘等衍义过渡的路径。如苏辙说:"凡远而无所至极者,其色必玄,故老子常以玄寄极也。"如范应元说:"玄者,深远而不可分别之义。"如吴澄说:"玄者,幽昧不可测知之意。"如沈一贯说:"凡物远不可见者,其色黝然,玄也。大道之妙,非意象形称之可指,深矣,远矣,不可极矣,故名之曰玄。"[1]不过自古以来也有许多学者始终留意于"玄"的深黑色之本义。就今人而论,如任继愈先生用玄奥之义注释了"玄之又玄,众妙之门"之后,又专门加注指出"玄"的深黑色本义,指出其含有看不透的神秘意思。[2]又如北京大学王岳川教授2014年在中央电视台的《文明之旅》对话节目中明确说道:老子说"道"是有颜色的,是黑颜色的。[3]以前人们难以接受用"很黑很黑"来解释"玄之又玄"、来理解老子的"道",然而现在,当我们用巅峰体验经历者的经历来审看时,就可以明白,"玄之又玄"即"很黑很黑"其实非常准确地表达了老子在经历巅峰体验时的直观感受,亦即相似于基督教所谓的"神圣黑暗"。

此外,道家常用黑暗的"深渊"来比喻"道",如老子说:

---

[1] 陈鼓应:《老子注译及评介》,中华书局,1984年,61—62页。
[2] 任继愈:《老子新译》,上海古籍出版社,1985年,62页。
[3] "王岳川的博客",《神秘的中国色》。

"道冲，而用之或不盈。渊兮，似万物之宗。"[1]老子的后学庄子（约公元前369—公元前286）也一再重复老子的这一比喻，说道："夫道，渊乎其居也。"[2]"渊乎其不可测也。"[3]这里的"深渊"除了玄秘、深邃之喻之外，应该还表达了老子和庄子对在巅峰体验那一环节中身陷神秘黑暗包围的直观记忆。

不同文化背景的巅峰体验经历者以不同的语言所描述的这种黑暗，所表达的是一个相同的现象，就是经历者在这一环节中感官感觉和意识完全消失。

巅峰体验过程中的这一经历者意识突然消失的现象，同样也是短暂的，转瞬即逝。

詹姆斯等许多研究者都曾指出，这种意识突然消失的现象是神秘体验过程中最不可思议的现象。

---

[1] 《老子》四章。
[2] 《庄子·天地》。
[3] 《庄子·天道》。

第三章
巅峰体验的后过程：意识恢复与瞬间顿悟、后续思辨

巅峰体验的后过程包括两个环节：1.意识恢复与瞬间顿悟；2.后续思辨。

我们先来看第一个环节，意识恢复与瞬间顿悟。

巅峰体验的经历者刚刚经历了一次神奇的遭遇，他们看到了一个朦胧模糊的境界，接着是意识的突然消失。这一遭遇稍纵即逝，然后是他们的意识开始恢复。

经历者意识的恢复，表现为那个朦胧模糊的境界和意识黑暗悄然隐退，世界重新以清晰崭新的面貌呈现在他们的意识之中。那些不可辨识、不可言说的物象消失了，取而代之的是逐渐而快速呈现的清晰可辨、清晰可言的世界万物。

意识恢复的巅峰体验的经历者们，在此之时无不感到极大的

震撼、极大的欢悦和极大的启迪，他们觉得自己获得了对世界最高存在者或终极实在的瞬间顿悟，洞见了世界的本质和人生的目的与意义。

没有过这种神秘体验的人会感到困惑不已，其实连经历者们自己事后也同样感到困惑不已：为什么凭借刚刚发生的那样的遭遇，他们竟会获得那么震撼、那么欢悦、那么深刻的形而上的顿悟呢？

仅仅是一个朦胧模糊的境界，其中活动着不可辨识的物象，以及随后发生的意识消失，仅仅如此，这就是巅峰体验的经历者在巅峰体验前过程中所获得的全部直观感觉，也是他们在巅峰体验后过程中产生形而上瞬间顿悟的决定性条件。

仅仅如此，那样非凡的形而上顿悟又是怎么可能的呢？

让我们来尝试分析这是怎么成为可能的，看看巅峰体验的经历者们是怎样从这样极其简单的起点开始，进而获得了对世界最高存在者或终极实在、对世界的本质和人生目的与意义的形而上领悟的。

一、对世界诞生的感受

在巅峰体验经历者的意识恢复的最初时刻，巅峰体验的经历者们惊愕地发现，黑暗解除了，那个刚刚还是朦胧模糊的境界发生了神奇幻化：那些影影绰绰的物象渐渐清晰了，它们刚刚还是不可辨识和不可言说的，而现在则渐渐变成可以辨识和可以言说的了,也就是说世界万物凭空出现了!目睹这一情境的经历者必然会感到极其强烈的震撼,因为他们看到的是在现实中从未看到过的奇幻情境,他们会直观地认为这个奇幻的情境就是世界诞生的秘密,就是世界万物从无到有时的样子。

所有的巅峰体验经历者都强烈地感受到了这种创世感。

老子就是这样感受的,他认为世界就是这样诞生的,老子说:

致虚极,守静笃。万物并作,吾以观复。①

天下万物生于有,有生于无。②

庄子在他的著作中,也记录了老子在巅峰体验这一时刻的强烈感受:

夫子曰:"……荡荡乎,忽然出,勃然动,而万物从之乎!此谓王德之人:视乎冥冥,听乎无声;冥冥之中,独见晓焉;无声之中,独闻和焉。故深之又深而能物焉,神之又神而能精焉。"③

---

① 《老子》十六章。
② 《老子》四十章。
③ 《庄子·天地》。

译文：

老子说："……浩荡宏大的境界啊，它在无意中产生，在突然间呈现，万物由此而涌现！王德之人所看到的境界是一片幽暗，默然无声。只有王德之人可以在这幽暗中看到其中隐含的道理，在这静默中听见和鸣的声音。玄奥啊玄奥，其中竟能产生万物；神秘啊神秘，其中竟能产生精神。"①

孔子问于老聃曰："今日晏闲，敢问至道。"老聃曰："汝齐戒，疏瀹而心，澡雪而精神，掊击而知。夫道，窅然难言哉！将为汝言其崖略。夫昭昭生于冥冥，有伦生于无形，精神生于道，形本生于精，而万物以形相生。"②

译文：

孔子对老子说："今天得以清闲，我想请教您什么是最高的'道'。"老子说："（要了解这个问题）你要恭敬斋戒，疏通心思，洗净精神，抛弃已有的知识才可以。这个道啊，实在深奥难以言说！我给你说个大概的意思吧。万物昭明的景象是从昏昏暗暗中生成的，有形的东西是从无形中生成的，精神生成于最高的'道'，形体生成于精细的物质，万物获得了形体就纷纷产生了。"

总之，老子说的是：我在最为虚幻寂静的境界中，看见了万物纷纷出现，它们生生灭灭，重复演变；万物凭空而生，它们从

---

① 文中所说"王德之人"，"王"通"旺"，"王德之人"比喻有极高德性的人。
② 《庄子·知北游》。

空无中突然涌现；万物昭明的景象是从昏暗中生成的，有形的东西是从无形中生成的，精神生成于最高的'道'，形体生成于精细的物质，万物获得了形体而纷纷产生。这就是道家的创世观。

这里需要说明的是，老子所说的"空"，并不是说完全无物，而是把那些不可辨识、不可言说的"无状之状，无物之象"等同于"空"，这与佛教的"空"论是相同的。

佛教的创世观体现为释迦牟尼的"缘起论"。按照缘起论的说法，世界上原本只有许许多多模糊难辨、尚未成形的物体，它们后来因为因缘相合而组合，于是构成了世界上形形色色可以辨识的成形物体。释迦牟尼的缘起论与老子的创世观异曲同工，都表达了巅峰体验的经历者从朦胧模糊的物象到清晰可辨的世界的直观创世感受。

对于世界万物从朦胧模糊的境界中产生，或者说从空无中产生，是经历者在巅峰体验的后过程中获得的第一直观感受。

这种感受对于经历者产生对世界最高存在者或终极实在的领悟，其作用非常关键，因为所谓世界的最高存在者或终极实在的第一要义，就是它是世界万物的创造者或创造原因。

二、对世界美好的感受

此时在经历者意识中重新出现的清晰世界，看上去无比美好。

这是一个物我同一、物物同一、万物友善、万物融洽、万物无差别地和谐共存的世界。

这也就是庄子"齐物论"所表述的万物齐一的美好世界:

> 天地与我并生,而万物与我为一。①

> 以道观之,物无贵贱。②

> 万物一齐,孰短孰长?③

这种万物齐一、万物合一的大同世界的美好感受,是巅峰体验经历者的普遍感受。摘录几则西方经历者的案例报告如下:

> ……我内心的某个东西,使我觉得自己属于某个更大的东西,它起支配作用。
> 我觉得自己与草、树、鸟、虫合一,与一切自然事物合一。我单纯为生存这一事实欣喜若狂,为成为这一切——细雨、云彩、树干,等等——的一部分而欣喜若狂。④

> 这真是伟大的,宽广的,不朽的,生天生地的遐思,

---

① 《庄子·齐物论》。
② 《庄子·秋水》。
③ 《庄子·秋水》。
④ (美)威廉·詹姆斯:《宗教经验种种》,尚新建译,华夏出版社,2008年,283页。

第三章　巅峰体验的后过程：意识恢复与瞬间顿悟、后续思辨

那时，人简直够到了星辰，拥有自己的无限！神圣的瞬间，出神的时刻；其间，我们的思想飞掠一个又一个世界，拆破巨大的谜团，我们的气息像大海的呼吸一样广大，一样安静，一样深沉，像苍穹一样清澈无际；……这是不可抗拒的直觉瞬间，在其中，人觉得自己同宇宙一样伟大，一样安宁。①

我独自在海岸边，……情不自禁地屈膝跪下，这次是跪在无边无际的海洋面前，那是无限的象征。我发觉，我虔诚的祈祷是从来没有的，而且，此时我才知道，祈祷的真正意义是什么，即从个体的孤寂回归与万物合一的意识，跪下时是死者，起来时则不朽。天、地、海一起共鸣，演奏一曲环绕世界的宏伟和声。②

我感到一种喜悦，一种绝大的快乐，同时伴随着或紧跟着一种理智的猛醒，其情形根本无法描述。我不仅开始相信，而且亲眼见到，宇宙不是由僵死的物质构成，相反，乃是一种活生生的神灵（A Living Presence）。我在内心意识到永生。不是相信我将来会永生，而是觉得我当时已经永生了。我看见，一切人都是不朽的。世界

---

① （美）威廉·詹姆斯：《宗教经验种种》，尚新建译，华夏出版社，2008年，284页。
② 同上书。

的秩序是这样的：世界的一切事物绝无偶然，都是为了彼此的利益而合作，这个世界以及所有世界的基本原则，就是我们所说的爱，并且，所有成员的幸福，归根到底都是绝对确定的。这个景象持续了几秒钟，然后消逝；然而，它的记忆，以及它所教授的实在感，二十五年来始终历历在目。我知道，这个景象所展示的都是真的。①

在巅峰体验后过程中的此时，展现在经历者意识中的就是这样一个没有丝毫阴影、没有半点瑕疵的世界，一个理想化的且过于理想化的世界，一个孩童般天真纯洁的世界，一个充满了欢欣喜悦的世界。

这也是巅峰体验的经历者在现实中从未见过的世界，这个世界如天国般美轮美奂。他们会直观地意识到，这样无比美好的世界，只能是世界最高存在者或终极实在所缔造的，是缔造者恩惠于他们，在刹那之间向他们展示了世界的蓝图，展示了世界原有的样子、应有的样子和未来将实现的样子。

三、对世界最高存在者或终极实在的形而上感悟

当巅峰体验的经历者获得了关于初始世界和美好世界的感受之后，也就必然达至对世界最高存在者或终极实在的豁然感悟，

---

① （美）威廉·詹姆斯：《宗教经验种种》，尚新建译，华夏出版社，2008年，287—288页。

因为过去人们的理智相信,那个从无到有的初始世界只能是由最高存在者或终极实在创造的,那个美轮美奂的美好世界只能是最高存在者或终极实在给予人们的神圣昭示。

老子就是这样形成了他的最高存在者"道"的观念:

> 有物混成,先天地生。寂兮寥兮,独立不改,周行而不殆。可以为天下母。吾不知其名,字之曰道,强为之名曰大。①

译文:

有一个浑然形成的东西,它先于天地而存在。它无声无形,无所依凭地独自存在并且永远那样,它循环出现而不会消失。它可以算是世界万物产生的根本原因。我不知道它叫什么名字,我把它叫作"道",如果还要再勉强给它起一个名字,那么就叫作"大"。

> 人法地,地法天,天法道,道法自然。②

译文:

人以地为法则,地以天为法则,天以道为法则,道以它自己的样子为法则。

---

① 《老子》二十五章。
② 同①。

> 夫物芸芸，各复归其根。归根曰静，是曰复命，复命曰常，知常曰明。①

译文：

万物纷纭，最后又各自回归它们的起点。回归起点叫作"静"，又叫作"复命"，"复命"叫作"常"（规律），认识"常"叫作"明"（明智）。

老子把他在巅峰体验中所感悟到的世界最高存在者命名为"道"，并对道作了全面阐释：道是世界万物的起源（"可以为天下母"），是世界万物运行的最高法则（"人法地，地法天，天法道，道法自然"），又是世界万物的最终归宿（"夫物芸芸，各复归其根"）。

老子的"道"观念，是形式非常完整的本体论哲学，即作为最高存在者同时具备了三个终极性维度：世界的终极起源、世界的终极法则、世界的终极归宿。同时，老子还指出道是善的，这体现为道对万物无差别地一样对待，"天地不仁，以万物为刍狗"，②"天之道损有余而补不足"。③老子的"道"思想，是东方神秘主义最完美的形而上学理论体系，与西方古希腊哲学家们的"至善理念"共同达到了传统形而上学的最高水准。

---

① 《老子》十六章。
② 《老子》五章。
③ 《老子》七十七章。

西方基督徒经历者同样在巅峰体验中领悟了世界的最高存在者，虽然他们在西方传统文化的影响下早已熟知最高存在者是上帝，但是他们欣喜若狂于这类亲身经历，欣喜若狂于他们在自己的亲历中证实了这一神圣领悟。

狄奥尼修斯这样激情地赞颂他的领悟：

> 祂使天空群星保持于闪耀、不变的秩序中。祂给予了它们永恒的力量，祂把时间的周转从其进程中区分出来，使之有规律地回归其基础。祂塑造了火的不可熄灭性与水的永久潮湿性。祂使大气流动，在虚无中建立大地，使大地的工作永远丰盛结果。祂使互相联结的元素既明白地区分开，又保持在相互的和谐与混合之中。祂加强着灵与身的结合。祂发动着养育和生长植物的力量。祂引导着使一切生物存在的力量。祂确立着世界的不可动摇的持续存在。[1]

> 我们知道了祂是万物的原因，祂是起源、存在和生命。……祂是被完善者的完善之源、被神圣化者的神圣之源；是那些转向纯一者的纯一性原则、是统一为一者的统一点。祂超越于一切实存，是一切源泉的源头。祂

---

[1] （伪）狄奥尼修斯：《神秘神学》，包利民译，商务印书馆，2012年，72—73页。

充沛而宽宏地尽可能给出一份祂的隐秘奥秘。①

上帝自身之善满溢，将自己向外流溢成多样性。②

至善令万物向祂回归，并将一切可能散失者聚集在一起，因为祂是神圣的源头和万物总体的统一者。每个存在者都把祂视为源泉、凝聚者、目的。正如《圣经》所见证的，至善产生万物，而且是彻底完善的原因。③

从以上分析可以看到，巅峰体验的经历者仅仅依凭前过程的那一极其简单的朦胧模糊的境界，是可能达至形而上的瞬间顿悟的，事实上也确实达至了形而上的瞬间顿悟。当然，以上的分析只是现象的线性分析，在这些现象的背后隐藏着深刻的生理－心理机制，关于这个问题将在第七章再展开论说。

巅峰体验是一种非凡的奇迹。在詹姆斯看来，这种非凡的奇迹是宗教产生的真正源头。詹姆斯把宗教分为个人宗教和教会宗教，所谓个人宗教，就是指个人通过自我个体的体验而获得的对最高存在者的神秘领悟，而这种"神秘的意识状态"是个人宗教

---

① （伪）狄奥尼修斯：《神秘神学》，包利民译，商务印书馆，2012年，3页。
② 同上书，16页。
③ 同上书，29页。

的"根源和中心"。[1] 詹姆斯指出，个人宗教是原生的，教会宗教是次生的；先有个人宗教的经验和信仰，然后才产生了包含教理、教仪、教规和教士阶层等内涵的教会宗教。詹姆斯说："个人宗教，至少在某种意义上，证明比神学或教会中心论更根本。教会一经建立，便间接地依存于传统。可是，无论哪个教会，其创立者的力量最初都来自他们个人与神的直接感通。不仅基督、佛陀、穆罕默德这等超人的创教者如此，而且一切基督教派的组织者都莫过于此。"[2]

詹姆斯把巅峰体验经历者对最高存在者的领悟又称为"与绝对的合而为一"，他高度赞美这种一元论的奇迹，赞美这种不分地域、不分民族、不分时代而屡屡发生的关于世界最高统一性的形而上思维奇迹。他说：

> 这是神秘主义取得的伟大成就。在神秘状态中，我们与绝对合而为一，同时又意识到自己的一。这种神秘主义传统经久不衰，且胜利辉煌，几乎并不为地域或教宗的差异所改变。在印度教、新柏拉图主义、苏菲主义、基督教神秘主义以及惠特曼主义中，发现不断重复同一个调子。因此，关于神秘主义话语，有一种永恒的一致，

---

[1] （美）威廉·詹姆斯：《宗教经验种种》，尚新建译，华夏出版社，2008年，271页。
[2] 同上书，21—22页。

应让批评者三思,而且,正如前面所说,这也使得神秘主义的经典既无出生日,又无出生地的区别。这些经典不断讲述人与上帝合为一体,其言语比语言更古老,而且,它们永远不会陈旧。[1]

再来看巅峰体验后过程的第二个环节,后续思辨。

在巅峰体验的前过程中,经历者处于意识茫然和意识完全消失的状态中,是没有理性思辨的,只有直觉直感。而巅峰体验的后过程,则是经历者意识恢复,并以逐渐增强的理性意识为主导的思辨状态。经历者通过巅峰体验而获得的所有非凡顿悟和认知,实际上都是在巅峰体验后过程的瞬间顿悟和后续思辨中实现的。

我把巅峰体验的后过程划分为瞬间顿悟和后续思辨两个环节,这样的划分其实并不严谨,因为瞬间顿悟和后续思辨首先是一个无缝连接的过程,连接处难以截然划分。但是尽管如此,两者还是可以划分的,划分标准就是看经历者是处于直觉直感的意识状态,还是处于理性意识渗入并逐渐成为主导的意识状态。

以释迦牟尼为例。释迦牟尼菩提树下觉悟的那夜,初夜时分获得了万物初始无形而后组合成形的顿悟,无疑是直觉直感,属于瞬间顿悟的范畴;而中夜时分产生的看到了自己无数次前身的情形,以及后夜时分产生的顺风耳、千里眼之类的异能感觉,则

---

[1] (美)威廉·詹姆斯:《宗教经验种种》,尚新建译,华夏出版社,2008年,303—304页。

显然属于"如梦体验",是渗入了理性成分的想象和推断。不过,初夜时分的顿悟,要细辨其中理性因素开始渗入的变化节点,也并非易事。

巅峰体验的经历者在经历了震撼身心的瞬间顿悟之后,必然会持续地回顾思考。许多经历者说,一次性的神秘体验彻底改变了他们,对巅峰体验的思考和实践从此成为他们终生不渝的事业。如释迦牟尼,那夜的顿悟之后,他又坐在树下思考了四十九天然后开始传教,并在其后传教的四十九年中始终没有停止过相关思辨。后续思辨,尤其是与巅峰体验间隔时间较长的后续思辨,经历者摆脱了巅峰体验时意识主要还是受直觉直感支配的状态,摆脱了那种激情四溢的亢奋状态,经历者的意识已经完全由理性思维所主导,经历者的思考因而冷静而缜密,对事物的理解更为清晰化、精致化和系统化。

因而,实际上后续思辨才是真正产生非凡思想的时刻。这是因为:1.瞬间顿悟时的那些震撼身心的感受,在其当时主要还是直感直觉的,还是混沌的,它们实际上是在后续思辨时得以梳理、分析、推断、升华,从而成为可以用语言和文字表达的事情。这正如普罗提诺所说:"在与神明相接触的一瞬间,是没有任何力量来做任何肯定的,我们并不能以文字来推论或者以文字来表达这种所见,这些都是以后的事。"[①] 2.持续的后继思辨是优秀的经历者通过巅峰体验而对世界的最高存在者或终极实在、对世界的

---

① 百度百科:普罗提诺。

本质以及人生意义展开全面思考的过程,也是他们创建学说体系的过程。如释迦牟尼,他的主要学说四圣谛说、十二因缘说、业力说、无常说、无我说等就是在持续的后续思辨中逐渐建立起来的。又如老子,在持续的后续思辨中,他的"道"思想逐渐向政治学、经济学、社会学和军事学等领域延伸,构成了一个庞大的思想体系。3.经历者往往在持续的后续思辨中修改了他们初期思辨时的观点,使那些观点更趋完善。比如普罗提诺,他早期对朦胧模糊境界中"无形状"的物体评价很低,认为那些物体都是对现实事物的不成形的拙劣模仿,毫无价值,但是后来他的评价彻底翻个儿,他给予那些"无形状"的物体以极高评价,认为它们是神的作品,是现实中的种种事物的原始范本。

对瞬间顿悟的后续思辨引爆经历者们的思想创新,这是因为经历者们在他们亲身经历的神秘体验中,分明看到了世界的奥秘,看到了一个在现实中没有的并且远远高于现实的美轮美奂的世界,看到了世界的最高存在者或终极实在。所有这些激励了他们,启迪了他们,赋予了他们强大的思想动能,使他们可以突破传统文化的局限而爆发创新性的思想。

然而,尽管如此,传统文化毕竟是巅峰体验的经历者展开后续思辨所依托的基本思想资源,经历者深深受其浸润;而且,经历者需要立足于现实社会,需要依据传统文化来反思所获得的创新思想,因而他们又不能不受到传统文化的制约。创新思想与传统文化相妥协或者说相融合,其优势是通过与被社会广泛认同的

第三章　巅峰体验的后过程：意识恢复与瞬间顿悟、后续思辨

传统文化的结合，可以增加新观念的社会可理解性和可接受性，增强新观念在传统文化土壤中的生长力，但缺陷是可能削弱新观念原本的理论锐气。

以老子为例，来看他的"道"观念对传统文化的突破和传统文化对"道"观念的制约。老子的"道"观念，是对中国传统思想的重大突破。老子之前的古代中国，虽然有作为最高神祇的"天""天帝"观念，但"天""天帝"主要是最高的赏罚权威，作为最高存在者的功能不全，不是完整的本体论的，即尚未具备万物的最初起源、万物的最高规定和万物的最终归宿的本体论三要素。老子通过他的巅峰体验而提出的"道"观念，则超越了传统的"天""天帝"观念，一举抵达了形而上学的巅峰，形成了一个完整的本体论模式：道是化生天地万物的根源，天地万物"惟道是从"，[①] 天地万物最终将归根复命于道。老子的"道"观念与当时领先世界的古希腊哲学家群所提出的本体论观念"至善理念"比肩而立。老子的"道"思想为古代中国哲学赢得了世界声誉，联合国教科文组织曾统计过历史上被翻译成外文而流传最广的著作，排名第一的是《圣经》，排名第二的就是《老子》。然而老子在其后续思辨中受到传统文化的制约，对传统文化的妥协也是明显的。例如老子说："道生一，一生二（注：阴、阳），二生三（注：天、地、气），三生万物。"[②] 老子这样的说法，与他在

[①] 《老子》二十一章。

[②] 《老子》四十二章。

巅峰体验中所直观"看"到的情景显然不符。老子说过他在巅峰体验中直观"看"到的情景,是朦朦胧胧之中"万物并作",[①] 也就是说,他看到的是许许多多的物体在朦胧境界中同时出现,是万物在作为"一"的道的作用下同时共境地直接涌现的,也就是说是道生万物、一生万物,其中只有"一",即只有"道",并没有"二""三"的中介,即没有"阴、阳"和"天、地、气"这两个中间环节而直接生成万物的。老子增加了两个中间环节,显然是参照了《易》的乾坤二元思维和天地人之三维思维而加以修正的。这样的添加,修改了老子在巅峰体验中直观"看"到的情境,这是老子学说受到传统文化影响的重要一例。这一修改的缺陷,若与释迦牟尼的"缘起论"相比较就显得十分明显,释迦牟尼的"缘起论"因为强调万物共生的直观情境,因而更为鲜明地坚持了万物平等的联想和推论,更为鲜明地反对等级化的社会制度。

释迦牟尼"涅槃"观念的成形,同样也受到传统文化的深刻影响。佛教的最高存在者或终极实在的"涅槃"观念,是当时所有形而上学体系中唯一缺失"第一因"的体系,即没有最高存在者或终极实在的观念。形而上学体系中的最高存在者或终极实在观念,都具有决定万物的最初起源、万物的最高规定和万物的最终归宿的三个要素,其中最初起源,就是指最高存在者或终极实在是创生万物的第一因,万物都是由其创生的。但是"涅

---

① 《老子》十六章。

第三章 巅峰体验的后过程：意识恢复与瞬间顿悟、后续思辨

槃"观念中没有这样的"第一因"：万物是平等地、纷杂地、互为因缘地产生的，没有一个唯一的原因。释迦牟尼对宇宙世界起源的"第一因"问题向来不谈，他说：我一向不谈这个问题，谈论这个问题没有益处，没有价值，与涅槃无关。（"我不一向说此，此非义相应，非常相应，非梵行本；不趣智，不趣觉，不趣涅槃。"①）释迦牟尼为什么厌恶谈论宇宙世界起源的"第一因"呢？这是因为古代印度的起源论中关于人的起源具有强烈的不平等色彩，释迦牟尼对之深恶痛绝。古代印度的种姓制度将人分为高低贵贱四个等级，分别是婆罗门、刹帝利、吠舍和首陀罗，其中从事神职的婆罗门是最高等级，刹帝利是担任社会管理等职务的次高等级，吠舍是工商业者和自耕农等低等级者，而首陀罗是只能从事低贱工作的最低等级的人。印度的种姓制度阶层森严，各阶层职业世袭，不准逾越种姓通婚，低阶层的人备受歧视凌辱和剥削欺压。这种不平等的种姓制度的理论渊源就是古代印度关于人的起源论，根据这种起源论，人是由远古的创造大神梵天创生的，梵天从自己口中生出婆罗门，从肚脐生出刹帝利，从肋部生出吠舍，从脚上生出首陀罗，从而决定了人的不同地位和不同命运。释迦牟尼出身于刹帝利种姓，是一个城邦国的王子，社会地位相当高贵，但他同情底层民众，厌恶种姓制度，主动放弃了高贵的地位和优渥的生活，修行宣教于民间。正是由于对传统文

---

① 《中阿含经·箭喻经》。

化起源论的不满,释迦牟尼的"涅槃"观念中没有本体论应有的三要素中的"第一因",因而"涅槃"观念作为阐释最高存在者或终极实在的本体论的理论体系是不完整的,这在同时同类的相关理论体系中是唯一的例外。但是显然,释迦牟尼的这一理论缺失却是令人肃然起敬的。

前面说到,本书是通过巅峰体验的过程来分析巅峰体验,而非通过巅峰体验的特征来进行分析,但在本书以上的论说中,对学术界公认的巅峰体验的那些基本特征,如突发性、被动性、模糊性、整体感、一元感、神圣感、欢乐感等都已涉及。

不过其中的几个特征,还需再作补充论说。

(一)关于短暂性特征

把巅峰体验的过程分解为若干环节,是为了便于分析研究,可能会给读者以巅峰体验过程的时间相当长的印象,但实际上巅峰体验的各个环节衔接紧凑,几乎叠压,整个过程的时间非常短暂,经历者常常用"一刹那""一瞬间""一闪而过"等来形容这一过程的迅忽。如印度瑜伽大师辨喜(Swami Vivekananda,1863—1902)所说:"伟大的先知说,获得真理只需要一眨眼的那么一瞬间。"[①] 马斯洛也曾说过:"瞥一眼天国就足以肯定它的

---

① (印度)辨喜:《胜王瑜伽禅定之道》,周小丽、冀文珍译,中国华侨出版社,2009年,101页。

存在，即使这种体验一去不复返也是这样。"① 那么巅峰体验过程究竟有多长时间呢？根据对相关案例的阅读了解，从朦胧模糊境界的出现到瞬间顿悟的结束，时间通常是几秒钟至十几秒钟。

但是不少经历者说这一过程约几分钟、十几分钟或几十分钟，有的说数小时，更有的说可以持续数天。这种长时间的说法，可能因为两种原因。其一，是一种心理感觉的错觉。由于经历者在这一过程中获得了极为丰富的感觉，于是会觉得时间较长，这是一种时间感的错觉。圣特蕾莎就曾指出过巅峰体验中的这种时间错觉，她说："[与上帝]会合时间总是很短，似乎比实际发生的还要短。"② 其二，一些经历者把瞬间顿悟结束之后持续的后续思辨算入了巅峰体验。如前所述，瞬间顿悟与后续思辨的分界点很难划定，如果把持续的后续思辨划入巅峰体验，时间自然也就长了。但是这样的划入显然不妥。

（二）关于喜悦感特征

在巅峰体验的整个过程中，经历者都会感觉到强烈的喜悦感。马斯洛用"极度强烈的幸福感""欣喜若狂、如痴如醉、欢乐至极的感觉"来形容这种喜悦感。比利时神秘主义神学家吕斯布鲁克（Ruusbroec 1293—1381）说："对于身体和灵魂而言，这种幸

---

① （美）爱德华·霍夫曼：《做人的权力——马斯洛传》，许金声译，改革出版社，1998年，308页。
② （美）威廉·詹姆斯：《宗教经验种种》，尚新建译，华夏出版社，2008年，295页。

福和慰藉比世上所能提供的一切愉快和满足都更加令人欢乐，即使一个人能够在突然之间接受世上的所有欢乐，也比不上这种幸福。……在身体体验这个层次上，这种幸福是人在此世所能接受的最为幸福的体验。"[1] 然而，佛教似乎是一个例外，佛教强调在神秘体验的修行中必须"去喜乐"。佛教的这种去除喜乐的要求，是由佛教对于人生的根本认识所决定的，在佛教看来，人生是一场生、老、病、死相继而至的苦难，没有喜悦可言，喜悦是一种必须摒除的心障。但是尽管如此，佛教徒在巅峰体验的经历中，实际上依然是体验到强烈的喜悦的，这表现为在巅峰体验发生时的二禅时，经历者是喜悦的，而要求去除喜乐、感悟苦难，那是后续思辨的三禅、四禅时的事情。

还需要指出的一点是，经历者所以在巅峰体验过程中感觉到极其强烈的喜悦，除了因为在意识中"目睹"了那么美好的境界和获得的那么美好的领悟之外，还有着更深层的生理－心理原因。其原因将在后面章节中论及。

（三）关于无法言说性特征

最后我们再来分析巅峰体验的无法言说性特征。

无法言说性，是指经历者在巅峰体验中分明获得了非常强烈的感受，却没有办法向别人清楚表达。詹姆斯把这种无法言说性

---

[1] （比利时）保罗·费尔代恩：《与神在爱中相遇：吕斯布鲁克及其神秘主义》，中国致公出版社，2001年，152—153页。

列为神秘体验的第一特征。詹姆斯说:"经历神秘心态的人一开头就说,它不可言传,不能用语言贴切地报告它的内容。因此,人必须直接经验它的性质;本人不可能转告或传达给他人。"① 詹姆斯还指出:"神往状态的这种不可言传性,是一切神秘主义的精髓。"②

不过这里需要指出的是,所谓不可言说,是指巅峰体验前过程的情形无法言状,无法表达,因而无法言说;而巅峰体验后过程的感受和思辨是可以言说的。然而重要的是,巅峰体验前过程的无法言说的情境,是巅峰体验的本然状态,巅峰体验后过程的阐说并不等同于巅峰体验的本然状态,所以巅峰体验从根本上说是无法言说的。

不同文化背景的经历者全无例外地指出,神秘的巅峰体验是无法言说的。

道家说无法言说:

道可道,非常道;名可名,非常名。③

心困焉而不能知,口辟(注:封闭)焉而不能言。④

---

① (美)威廉·詹姆斯:《宗教经验种种》,尚新建译,华夏出版社,2008年,272页。
② 同上书,293页。
③ 《老子》一章。
④ 《庄子·田子方》。

佛家说无法言说：

不可言说不可说，充满一切不可说。①

真如（注：事物本体）之体，本来离言辞之相，离心念之相，称离言真如。②

西方神秘主义者说无法言说：

那么我们自己怎样谈论它呢？我们确实在说着什么，但我们肯定又没有言说它，因此我们对它没有知识也没有思想。……我们在这样一种意义上拥有它：我们谈论它，又没有谈论它。③

我们飞升得越高，我们的词语越局限于我们所能形成的观念，所以当我们进入超出理智的黑暗之中时，我们将发现自己不仅词语不够用，而且实际上是无言与不知。……它攀登得越高，语言便越力不从心。当它登

---

① 《大方广佛华严经》第二十五。
② 《大乘起信论》。
③ （古罗马）普罗提诺:《九章集》（下册），石敏敏译，中国社会科学出版社，2018年，491页。

顶之后，将会完全沉默，因为祂将与那不可描状者合为一体。①

巅峰体验的这种无法言说性，使得经历者的那些晦涩的、模糊的，甚至是言不达意的陈述辩白，通常不能被没有这样经历的人们所理解和采信。在没有这样经历的人们看来，如果连经历者自己都说不清道不明的事情，多半是子虚乌有的事情。如英国哲学家艾耶尔（Alfred Jules Ayer，1910—1989）就据此批评否定了这类体验。艾耶尔说，他并不愿意事先否认神秘主义者通过神秘的方式获得真理的可能性，但是，当神秘主义者坚持说他们在神秘体验中所领悟到的东西无法用语言来表达时，就暴露了他们声称所获得的真理是没有确实证据的，只是表明了他们内心的某种状况，与外部的客观世界毫无关系可言。②

然而尽管难以言说、无法言说，但是神秘体验的经历者们还是努力地尝试言说。他们采用否定式、双重否定式、否定再否定式的方法来言说。

如释迦牟尼说：

---

① （伪）狄奥尼修斯：《神秘神学》，包利民译，商务印书馆，2012年，99页。
② （英）詹姆斯·利奇蒙德：《神学与形而上学》，朱代强、孙善玲译，四川人民出版社，1990年，43—44页。

比丘，不生，不成，无作，无为。比丘，若无此不生、不成、无作、无为，则无彼之生、成、作、有为之依处，故比丘当知虽然不生、不成、无作、无为，而实有生、成、作、有为之依处。①

如《佛经》说：

如来涅槃非有非无，非有为，非无为，非相非不相，非有非不有，非物非不物，非因非果，非待非不待，非明非暗，非出非不出，非常非不常，非断非不断，非始非终，非过去非未来非现在，非阴非不阴，非入非不入，非界非不界，非十二因缘，非不十二因缘。②

如狄奥尼修斯说：

当我们攀登到更高处时，我们便会看到这一点。祂不是灵魂和心智，也不拥有想象、信念、言语或理解。祂本身也非言语或理解。祂不能被论及，也不能被理解。祂不是数字或秩序、大或小、平等或不平等、相似或不相似。祂不是不动的、不是动或静的。祂没有力量，祂

---

① 张曼涛：《涅槃思想研究》，东方出版社，2016年，30页。
② 《大般涅槃经》卷十九。

不是力量，也不是光。祂并不活着，也不是生命。祂不是实体，也不是永恒或时间。祂不能为理解力所把握，因为祂既非知识也非真理。祂不是王。祂不是智慧。祂既非"一"也非"一性"、神性或善。祂也不是灵——在我们理解的那个意义上。祂既非子也非父，祂不是我们或其他存在者所认识的事物。祂既不可被"不存在"，也不可被"存在"所描述。存在者并不知道祂的真实存在，祂也不按照它们的存在认知它们。关于祂，既没有言说，也没有名字或知识。黑暗与光明，错误与真理——祂一样也不是。祂超出肯定与否定。我们只能对次于祂的事物作肯定与否定，但不可对祂这么做，因为祂作为万物完全的和独特的原因，超出所有的肯定；同时由于祂高超的单纯和绝对的本性，祂不受任何限制，超出所有局限，祂也超出一切否定之上。①

他们采用的这种否定式（非此），特别是双重否定式（非此非彼）和否定再否定式（非此非非此）的言说方法，显然违反人们的常识，不符合常规的思维逻辑。他们的解说通常总是颠来倒去、絮絮叨叨，对于没有这类神秘体验经历的读者，读到这类文字时，很难说是因而有所领会了，还是更加糊涂了。神秘顿悟者的这种无奈的言说方式，让人想起某位哲学家说过的话：他们在折磨语

---

① （伪）狄奥尼修斯：《神秘神学》，包利民译，商务印书馆，2012年，100—101页。

言，语言也在折磨他们。

其实，关于最高存在者或终极实在等形而上的事物究竟是什么，不仅神秘体验说不清楚，哲学沉思也同样说不清楚，像至善理念、绝对理念、绝对意志、自然法则等，从来没有本体论哲学家说清楚它究竟是什么，本体论哲学家至多能够推论它的功能，比如说它是最初起源，它是最高法则，它是最终归宿，它是至善的等，但是从来没有说过它本身是什么模样，是怎样的东西，因为本体论哲学家从来没有也不可能亲眼看见过它，只是依凭逻辑思维推论它的存在。而巅峰体验的经历者则不同了，巅峰体验的经历者在自己的神秘经历中分明看到了一个朦胧模糊的境界，看到了那个朦胧模糊的境界中分明有着什么，那些影影绰绰的什么分明与形而上的事物有着密切关联，可是经历者却无法说清楚那究竟是什么。同样是无法言说，本体论哲学家从来不像巅峰体验的经历者那样为之如坐针毡。巅峰体验的经历者则非常痛苦，因为这样的无法言说不仅让没有这样经历的人们嘲笑他们是在梦呓或撒谎，更糟糕的是他们自己也感到他们的智商受到无情奚落。正因为如此，这样的无法言说让巅峰体验的经历者感到分外的困惑、焦急和沮丧，成为他们无法排遣的心中之痛。

关于巅峰体验的无法言说性，我们来看一个案例。案例的经历者是法国文学家、文化学学者，后来因为经历过一次巅峰体验便开始研究巅峰体验因而又成为哲学家的乔治·巴塔耶（Georges Bataille, 1897—1962）。

第三章　巅峰体验的后过程：意识恢复与瞬间顿悟、后续思辨

巴塔耶在20世纪上半叶的欧洲享有相当高的声名，被一些著名的文学家、哲学家称为后现代主义的思想先驱。巴塔耶经历过一次巅峰体验，他把这种体验称为迷狂的"内在体验"，他在他的《内在体验》一书中记录了他的经历。原文冗杂，为方便读者，我摘录巴塔耶的相关文字，整理了一份简洁文本。

> 寂静的薄暮时分，天空分外纯净。我独自一人坐在一条白色的走廊里，除了一座房子的屋顶、一棵树的树叶和天空之外，看不到别的东西。我起身走向卧室准备就寝。这时，我突然感觉到心灵的剧烈震动，感觉到强烈的喜悦感。这种无比的快乐是一种本真的内心体验，不是预先设想的，不是语言可以描述的。当我后来追忆它的时候，我认为是存在本身向我呈现了它自身，而我看见了它。它是朦胧的，如在涌动的雾气之中，但可以看见。我置身于它之中，我感受到极大的快乐。我回到房间。那种朦胧中的涌动感觉变得更为强烈，我感觉到了更加庄重的无比快乐。我看到了那个存在自身，我却迷失了自己。我试图思辨那个存在是什么，但是我发现，如果我不泯灭我的理性意识，那么，我在思维中隐隐约约看见的一切就会悄然消失。[①]

[①]（法）乔治·巴塔耶：《内在体验》，尉光吉译，广西师范大学出版社，2016年，150—153页。

巴塔耶对他的这本书非常看重,生前多次修订出版,时间跨度很大,其中既述说了他巅峰体验之初的感受,也述说了后来的后续思辨的感受,因而较完整地体现了巅峰体验对其影响的全过程。

巴塔耶在刚刚经历巅峰体验之时,极为兴奋,为这种神秘迷狂的体验说了许多堪称经典的话。巴塔耶说:内在体验就是彻底地追问人的自身,内在体验所感悟到的就是知识的极限处,就是人类全部可能性的尽头,在那里,主客体实现了完全的融合,它所揭示的意义将颠覆全部的传统思想。他说:"我把体验称为一场旅途,它走向了人之可能性的尽头。不是每个人都能够踏上这场旅途,但如果他踏上了,这就意味着,他要否定那些对可能性施加限制的权威和现存价值。由于它事实上是对其他价值和权威的否定,所以,具备一种肯定性存在的体验本身就肯定性地成为价值和权威。"[1] "我那时明白了,它终结了有关宗教存在的全部争论,具有一种伽利略式的颠覆效果,它用自身取代了教会和哲学的传统。"[2] 巴塔耶相信,"体验本身就是权威"。[3] 激情四溢的巴塔耶希望每一个人都应该像他这样通过神秘体验而自我解放,走向极限,他甚至说出这样的过头话:"每一个不走向极限的人都是

---

[1] (法)乔治·巴塔耶:《内在体验》,尉光吉译,广西师范大学出版社,2016年,13页。
[2] 同上书,15页。
[3] 同上书,14页。

第三章 巅峰体验的后过程：意识恢复与瞬间顿悟、后续思辨

人的奴仆或敌人。"①

当初的巴塔耶踌躇满志，他要把内在体验即巅峰体验说个清楚。

巴塔耶曾经参加过印度瑜伽的学习修行，对东方文化有所了解，他对东方文化最不可耐的，就是无法言说性，他说："他们缺乏对我而言最重要的东西，即表达的能力。"②巴塔耶把表达的能力即"说"的能力视为最重要的东西，是有原因的。西方文化特别重视"说"的能力，作为西方理性最高原则的"逻各斯"，其本义就是"说"；西方的上帝创世也是靠"说"出来的，上帝说要有这个要有那个，于是就有了这个和那个，有了整个世界。在西方文化看来，只有说得出来和说得清楚的东西，才是成立的。巴塔耶要把内在体验说清楚。

然而，通观《内在体验》，巴塔耶虽然说了很多很多，但除了重复克尔凯戈尔（Kierkegaard）和尼采（Nietzsche）的思想、重复基督教的原初教义、新造了一些可有可无的意象和概念之外，并没有说出什么新颖的重要的东西。巴塔耶的意气逐渐消磨。在书中，可以读到一些泄气的话，如"从极限处，我坠入了最愚钝的状态，并承认，我曾在极少的时刻，触及了极限"，③"我从不确

---

① （法）乔治·巴塔耶：《内在体验》，尉光吉译，广西师范大学出版社，2016年，55页。
② 同上书，11页。
③ 同上书，55页。

定我已经抵达了它 [极限]，我无法肯定"①等等。甚至可以读到一些更为泄气的话，如"意向的客体是那个欲求成为一切的主体自身的投射，一切客体的再现都是主体意志所产生的幻觉"，②"在可能性的极限处，的确，没有意义"，③"再一次，我想要给出我称为纯粹体验的那种体验的纲要。首先，我抵达了知识的极限，……然后，我知道，我一无所知"，④"事实上，'内在体验'把生命抛向了一种持续的混乱"⑤等等。

也许，巴塔耶下面这句话可以算是他对此问题的总结："一个人无法谈论迷狂。里头有一种无法还原的、始终'不可言说'的元素。"⑥

巅峰体验经历者们无法言说的缘由，在于巅峰体验的那个无法言说的初始境界。他们知道那个初始境界是瞬间顿悟和此后所有相关思辨的逻辑起点，他们的瞬间顿悟和此后所有相关思辨都是那一境界的后续产物；可是那一境界却朦胧模糊，其中的物象影影绰绰，恍恍惚惚，无法辨识，无法言说……

关于巅峰体验的无法言说性，西方学者有许多讨论，其中一

---

① （法）乔治·巴塔耶：《内在体验》，尉光吉译，广西师范大学出版社，2016年，60页。
② 同上书，75—76页。
③ 同上书，55页。
④ 同上书，75页。
⑤ 同上书，282页。
⑥ 同上书，166页。

些观点相当繁复。但是在我看来，巅峰体验的这种无法言说性的原因其实非常简单：巅峰体验的经历者们在朦胧模糊的初始境界中所看到的那些东西是无法辨识的，既然无法辨识，自然也就无法言说。看都看不清楚的东西，又怎么可能说得清楚呢？

第四章
巅峰体验与东方：佛教禅修性质、《老子·四章》辨析

从巅峰体验的发生原因来看，东方与西方没有差别，巅峰体验作为人类通有的一种特殊的生理－心理现象，无论在东方历史上还是在西方历史上，都是偶然难得地（从历史横截面来看）和层出不穷地（从历史纵向来看）发生着。但是从巅峰体验的社会际遇来看，东方与西方大相径庭。在西方，对巅峰体验的思辨早早就被纳入先期成形的上帝观念的框架之中，只能在上帝观念的框架中安顿腾挪，而且一直被正统宗教视为异端受到打压，并被理性主义的西方哲学视为迷信臆想而受到鄙弃。巅峰体验在西方历史中地位低下，处于边缘状态。巅峰体验在东方的情形则完全两样，神秘难言高深莫测的巅峰体验受到极大尊崇，如释迦牟尼的佛教，在印度盛行千年并广泛传播于东亚和南亚；如老子的道

学，与儒学同为显学，共同构成了中华文化传统的基质。

比较东西方文化的文献卷帙浩繁，多见精彩论说，我无意再多赘言。在这一章中，我仅从巅峰体验的角度出发谈论两个问题：一是对佛教禅修的认识，一是对《老子》第四章的认识。之所以谈论这两个问题，是因为这两个问题相当重要，而且在这两个问题上，我的观点与学术界的主流观点不大相同。

先说说对佛教禅修的认识。

我们来看佛教禅修的历史。

产生于公元前 500 年左右的佛教禅修的基础观念和修行方式，源于古代印度的哲学－宗教思想和瑜伽。古代印度的哲学－宗教思想起源极早，现存典籍中最早的篇章形成于公元前 1000 多年，而瑜伽作为一种修身方式则更是产生于公元前 3000 多年。古代印度的哲学－宗教思想具有特别浓郁的悲观厌世色彩，认为人生就是受苦，就是在苦难中煎熬，并且不限于今世，而是在不断的生命轮回中永无了断地永远受苦。学术界认为，虽然世界上所有宗教都具有不同程度的悲观色彩，但是古代印度的悲观厌世思想表现得最为极端。浓郁的悲观厌世情感导致强烈的解脱欲求，寻求从苦难中解脱，是古代印度哲学－宗教的最高目标，也是古代印度所有哲学－宗教修行的最终目的。古代印度有一种非常奇特的解脱观念，不是希望长生不死或死后升入天堂，而是希望既不死，也不生，处于不死不生的状态之中。为什么会有这样奇特的想法呢？因为这种解脱观念认为，人生就是苦，所以不值得生，

第四章　巅峰体验与东方：佛教禅修性质、《老子·四章》辨析

死后升入天堂也是靠不住的，因为神、人、兽、鬼等六界轮回，即便升入天堂，来世也还是可能重新坠落人世继续受苦，甚至可能更加糟糕，跌进兽界、鬼界或地狱。因而在古代印度的这种解脱观看来，人的真正解脱或者说彻底解脱，是跳出生死轮回，进入不死不生的永恒状态之中。

古代印度之所以会产生这样奇特的解脱观念，与古老的印度瑜伽有着密不可分的关系。瑜伽最早是一种养生术，具有祛除病恙、强身健体、延年益寿的功能，但后来发现瑜伽修行者通过静坐、调息、凝神，往往可以产生引发型的巅峰体验。我们知道，作为巅峰体验，引发型的巅峰体验和自发型的巅峰体验都有两个特别环节，即经历者的意识中出现朦胧模糊的境界和意识随后消失的现象。如前所述，在意识消失的环节，经历者的所有感觉和思维全部泯灭，处于一种意识断片的状态之中，这种意识断片状态，经历者事后可以感受为仿佛曾经死去了一样，而之后的意识恢复，又仿佛活了过来一样，而且经历者还会从中感受到极为强烈的喜悦欢欣，同时获得某种形而上的神秘顿悟。瑜伽把这一状态称为"三摩地"。显然，瑜伽修行中产生的"三摩地"现象，被古代印度先民理解为就是跳出了生死轮回，就是不死不生的状态。古代印度先民之所以会产生那样奇特的解脱观念，是因为古代印度特有的古老的瑜伽修行术所引发的巅峰体验提供了那样的经验可能。

在古代印度，在佛教产生之前，几乎所有的哲学及宗教派别

都把修行瑜伽作为寻求解脱的途径；在佛教产生时，与佛教同时立世的几乎所有哲学及宗教派别也都把瑜伽修行作为寻求解脱的途径；佛教也不例外，同样把瑜伽修行作为寻求解脱的途径。释迦牟尼在觉悟之前的两位老师就是修行瑜伽的大师，释迦牟尼就是在一次瑜伽修行中获得了巅峰体验，获得了佛教所称的觉悟，从而创立了传承至今的佛教。

但与传统瑜伽和其他派别不同的是，释迦牟尼对瑜伽修行做了一些变革。

在佛教的修行体系中，瑜伽修行被称为"禅修"，其中凝神静坐以进入巅峰体验的状态被称为"禅定"，而进入了巅峰体验时"不死不生"的最高状态即"三摩地"状态，被称为"涅槃"。较之传统的瑜伽修行，释迦牟尼的禅修理论和实践有许多变化，比如不主张一味苦行，不苛求调整呼吸等，但是从禅修性质演变的角度来看，其中最重要的变革是强调了理性认知在禅修中的重要性。

人生即苦，是古代印度哲学－宗教对人生的基本判断，认知人生之苦，是修行和解脱的前提。古代印度传统文化对人生痛苦的认识，不仅有人的生、老、病、死等直观可见的生理现象，还有贪、嗔、痴等不可见的心理现象，认为人生就是在这些可见的和不可见的痛苦之中挣扎和轮回的。不过释迦牟尼认为，仅仅是这样的认知还是皮相的，还没有触及人生之苦的根本缘由。释迦牟尼在他的巅峰体验中直观地"看到"，包括人在内的世界万物最

第四章 巅峰体验与东方：佛教禅修性质、《老子·四章》辨析

初都只是一些未成形的物质，它们因为因缘相合而聚合成物，又因为因缘消失而物象消散，它们快速生成又快速湮灭，无穷无尽地不断演变。根据这样的直观感受，释迦牟尼提出了"无常、无我、苦"的"苦谛说"。"苦谛说"认为，原本没有人和万物，人和万物都只是因缘聚散的一时产物，其没有自性和常性，因而人和万物本质上都没有自我，即人无我、法（注：万物）无我，所谓的"我"，不过是人的感官错觉形成的"假我"；这种无常、无我，就是人之存在的根本实相，也是人生之苦的根本缘由。释迦牟尼的"苦谛说"显然是巅峰体验的产物，是对印度传统哲学－宗教对于人生之苦认识的一次重要提升。释迦牟尼进而认为，人们之所以认识不到无常无我的本质之苦，是因为"无明"，即缺乏智慧，因而禅修最重要的事情是要提高禅修者的理性认知能力，从根本上认知世界和人生的实相，这种理性认知的能力被称为"慧"。释迦牟尼把禅修要点定位为"戒、定、慧"三个方面，其中"戒"是指禅修者生活中需要遵守的种种清规戒律，"定"是指禅定，"慧"是指理性认知，其中"戒"是修行的前提，修行和解脱在于"定"和"慧"，佛教的禅修因而又称为"定慧双运"。释迦牟尼高度重视"慧"，指出唯有"慧"才能使禅修者真正认知人生痛苦的本质，否则即便获得了一次禅定领悟，之后仍然还会再度遗忘、再度迷茫和再度堕落。学术界普遍认为，释迦牟尼重视"慧"、强调"慧解脱"，是佛教与印度其他宗教的重要区别，如日本佛学大家铃木大拙（1870—1966）说："禅定与般若智慧之间

的这种相互依存,便是佛教不同于当时印度其他教说的地方。"①

释迦牟尼高度强调理性认知在禅修中的重要性,强调"慧",这一变革的合理性和重大意义,不言而喻。

然而,释迦牟尼的这种意义重大的革新,却在佛教后来的禅修实践中出现逐渐走偏的倾向,即渐渐地过于强调纯思辨的"慧",渐渐地轻视、忽视实践行为的"定"。作为以坐禅的身心变化引发巅峰体验缘由的"定",原本在禅修中具有基础性的地位,却在此后的禅修中被逐渐边缘化了。其结果是越来越多的禅修不再是原初意义的禅修,禅修所获得的形而上之思,因而大多不再是神秘顿悟的产物,而是如梦体验的产物。

禅定的地位自小乘佛教即开始边缘化,大乘佛教后地位加速下降。"定慧双运"被理解为慧是目的,而定只是体证慧的工具手段。对禅定的轻视,典型地体现于中国的禅宗。方广锠教授指出:"中国的禅宗认为,既然修持的目的是要明心见性,亦即建立佛教世界观,则不如干干脆脆,直截了当地在建立佛教世界观上下功夫。关于采用什么方式去建立,则是要权用,要对机。无论如何,方法与目的相比,是等而次之的东西。中国禅宗从这些新理论出发,开创出一代'中国禅'的新风。"② 禅宗虽然在理论上仍然承认定慧皆为根本,但实际上非常轻视禅定。禅宗最著声名的宗师

---

① (日)铃木大拙:《自性自见》,徐进夫译,海南出版社,2017年,88页。
② 方广锠:《印度禅》(前言),浙江人民出版社,1998年,2页。

第四章 巅峰体验与东方 佛教禅修性质、《老子·四章》辨析

六祖慧能说:"道由心悟,岂在坐也!"[1] 不坐禅,甚至不读经成为禅宗僧人的风尚。佛家典籍记有这样一段某官员参观某寺院时与方丈的对话:"王常侍一日访师,同师于僧堂前看,乃问:这一堂僧还看经么?师云:不看经。侍云:还学禅么?师云:不学禅。侍云:经又不看,禅又不学,毕竟作个什么?师云:总教伊成佛作祖去。"[2] 六祖慧能倡行"顿悟",认为佛教徒修行得道的关键在于"慧"的顿悟。慧能说:"若起正真般若(注:佛教智慧)观照,一刹那间妄念俱灭。若识自性,一悟即至佛地。"[3] 禅宗的"顿悟"就是强调纯思辨的"慧","顿悟说"是禅宗的标志,正是出于对理性认知在禅修中重要性的理解,导致了禅宗的"顿悟"风尚。这里要指出的是,禅宗的"顿悟"与巅峰体验的"顿悟"不是一回事。巅峰体验的顿悟,是一种源于深层次的生理-心理现象而突发的天然的形而上顿悟,有其特有的机制和环节,而禅宗的顿悟没有这些机制和环节,是一种经过殚精竭虑的理智思辨之后出现的思维突破的现象。禅宗的顿悟与古希腊数学家阿基米德(Archimedes,公元前287—公元前212)经殚精竭虑的理智思辨之后突然悟得体积与重量比例关系时的顿悟与狂喜相似,是纯思辨的结果。在禅宗看来,坐不坐禅都不重要,砍柴、担水、吃粥、喝茶等都可以在刹那之间悟得佛道。禅宗的这种观念后来

---

[1] 《坛经》。
[2] 《古尊宿语录》卷四。
[3] 《坛经》。

发展到令人瞠目的地步，各种各样的"棒喝""机锋""参话头"等参悟方式风行一时。这类机巧相当于猜谜语，即猜一种谜面五花八门但谜底却是唯一的谜语，而且这个唯一的谜底又是佛门人人皆知的，即不论什么事情，只要你联想到了、话说到了"本性清净"和"万物皆空"，就是大彻大悟了，就是洞见世界实相了，就是见道见佛而佛缘圆满了。禅定在禅宗中处于可有可无的地位。禅宗的"顿悟说"流布广泛，且流传至今。

即便是现今流布于东南亚的相对保持传统的南传佛教，也可以在他们的一些大师著作中读到这样的观点：在禅修中能够获得传统式的禅定固然很好，但是如果不能，也不要紧，依然可以通过禅修而证入涅槃境界。这就涉及当代禅修的主流形式了。

当代佛教禅修的主流形式是南传佛教倡导的"观禅"形式。南传佛教的观禅不同于禅宗，还是要求坐禅的，还是认为坐禅是禅修的基础形式。南传佛教把禅定分为两种形式——"止禅"和"观禅"。所谓"止禅"，就是传统的瑜伽式的禅定，这种禅定一旦获得，从凝神专注到进入涅槃境界是一个一气呵成的过程："如果稳定地保持专注，那么专注将流入冥想。当冥想者与冥想对象合一时，冥想便流入三摩地。"[1] "观禅"则不是这样自然流畅的瞬间完成的过程，观禅是禅修者在意识中一次次凝神专注、一次次冲击涅槃门槛的过程。焦谛卡禅师对观禅有这样一个比喻：观禅

---

[1] （印度）艾扬格：《帕坦伽利瑜伽经之光》，王东旭、朱彩红译，海南出版社，2016年，38页。

第四章　巅峰体验与东方：佛教禅修性质、《老子·四章》辨析

就好比抓着大树上的藤条要荡过山涧，一次次地荡，一次比一次更用力地荡，一次比一次荡得更远，终于某一次荡到了山涧那边，即终于进入了涅槃境界。[1]观禅和止禅的起始点是一样的，即禅修者坐禅，为了进入禅定状态进而进入涅槃境界，首先需要排除大脑中的杂念，为了排除杂念需要凝神专注，为了凝神专注需要注意力集中，为了注意力集中需要将意识专注于某个或某些情境上。这个或这些情境，佛教称为"所缘"。止禅的"所缘"通常是某个物品，如月亮、花环、蜡烛之火苗，止禅在凝神专注时一直专注于意识中的某一个所缘然后入定，然后便突然进入了涅槃状态。观禅则不是这样，观禅的"所缘"可以非常丰富，而且源源不绝，观禅就是一个接着一个地观看这些所缘的生起和灭失，一次又一次地沉浸其中，可能终于在某一次沉浸其中时进入了涅槃境界。观禅的所缘不仅可以是某种物品，还可以是某个场景、某段话、某种情绪等等，实际上观禅过程中出现在禅修者意识中的任何情形都被认为是禅修者的所缘，禅修者不用在意它们是什么，它们是什么都不重要，禅修者只需淡漠地"看"着它们逐个出现然后逐个消失就行了。观禅导师这样表述观禅中的所缘：你观看所缘，看着它们一个接着一个生起和消失，就像你坐在窗前往外看，看见一辆接着一辆的汽车过去，你不用留意它是丰田还是马自达，是黄色的还是白色的，你只需知道所看见的目标一个接着

---

[1]（缅甸）焦谛卡禅师：《禅修指引》，果儒译，海南出版社，2013年，216页。

一个地过去就行了。① 按观禅导师的述说，观禅就像是禅修者坐着看电影，看着接连出现在自己意识中的一个个所缘，先是慢镜头一般，所缘开始时变换较慢，一个所缘生起，然后消失，再一个所缘生起，再消失，然后又生起一个所缘又消失，禅修者于是身临其境地看到了万物无常，不可持久，只是一个接一个的生灭过程；然后，所缘的变换会逐渐加快，越来越快，禅修者将不再观察或来不及观察所缘的生起，只够注意到所缘一个接一个地快速消失，于是禅修者更加深刻地领悟到了万物没有常性、没有自性的实相，于是禅修者获得了彻底解脱。观禅认为，在观禅的坐禅中也有禅定，只是这种禅定不像止禅的禅定那样是一次性的，观禅的禅定是多次性的，即每一次"看"到所缘消失的那一刹那，都有一个极为短促的"定"，观禅将其称为"刹那定"，观禅的禅定就是由一连串的"刹那定"组成的，每一次"刹那定"就是每一次理性认知。在观禅的导师们看来，观禅比传统的止禅更为优越，止禅虽然可以让禅修者获得深定，但也只是深定而已，观禅则因为理性认知贯穿于整个过程，因而可以让禅修者一再地获得智慧，一再地领会佛教真谛，从而可以获得"慧解脱"，也就是获得真正的解脱。

传统的止禅亦即传统的瑜伽式的坐禅禅修方式被佛门所轻慢，是一件很令人遗憾的事情。因为传统的禅定方式在佛教禅修中原

---

① （缅甸）焦谛卡禅师：《禅修指引》，果儒译，海南出版社，2013年，72页。

第四章 巅峰体验与东方：佛教禅修性质、《老子·四章》辨析

本具有基础性的地位，是佛教得以产生的绝对机缘。方广锠教授指出："佛法是极具实践性的宗教，禅定就是它的最重要的实践手段，是保证其觉悟的重要途径。释迦牟尼就是通过禅定觉悟的，释迦牟尼的行为为所有佛教徒树立了最高典范。"① 吴立民先生更是认为佛法的中枢在于禅定："佛法的根本就是戒、定、慧三学，由戒生定，由定生慧。其中心枢纽在定，一切法门都要在定中修、定中证，舍定而谈修证，无有是处。"② 以上论说无疑是正确的，因为在佛教的禅修中，事实上唯有传统的止禅禅定方式，才有可能生成瞬间顿悟的巅峰体验。

观禅则不是这样，观禅采用渐进方式所获得的"慧解脱"，不是刹那间的顿悟，其一连串的"刹那定"不过是禅修者的意识流，是意识流中的一次次的凝神思考。虽然观禅的方式可以获得形而上感悟，但那不是巅峰体验的形而上瞬间顿悟，而是如梦体验的形而上之思。观禅的一次次"刹那定"，实质上是禅修者在理智清醒的状态中对佛教理论的一次次温习，是通过以联想、推论和抒情的如梦体验的方式而达致的对涅槃状态的理解、对形而上问题的思辨。

当然，观禅也是有其自身优势的。如前所述，如梦体验是介于哲学宏观沉思和宗教神秘顿悟两者之间的思维样态，它可以从多方面吸取思想养料以充实自己的思辨。作为如梦体验的观禅正是这样，比如，当代佛学修行者们积极采纳哲学和科学的种种最

---

① 方广锠：《印度禅》，浙江人民出版社，1998年，96页。
② 吴信如：《禅定述要：如来禅、祖师禅、秘密禅》，民族出版社，2002年，2页。

新成果来丰满自己的认知，结合物理学的熵理论、混沌理论、"测不准定律"和量子纠缠理论而撰写的佛学论文大量涌现，这无疑为当代佛学增添了新鲜血液。

而传统的止禅禅定之所以被逐渐边缘化，也是有其原因的，其中一个很重要的原因，就是由禅定进入巅峰体验是相当困难的事情，虽然佛教禅修有种种技术技巧的辅助，但引发型巅峰体验的当真发生仍然难得。许多老僧说过，尽管他们终生勤勉修行，却始终不曾进入过那种令他们神往的境界。老僧尚且不易，更何况佛门新手。禅定不易，是导致禅定被逐渐疏离的重要原因。

附带简要地说说我对佛教禅修"四禅八定"的看法。

关于佛教的禅定过程，释迦牟尼有"四禅八定"之说，即把整个禅定的过程划分为渐次递进的八个阶段：初禅、二禅、三禅、四禅；空无边处、识无边处、无所有处、非想非非想处。前四者称为"四禅"，又称"四有色天"，后四者又称"四无色天"。按照佛教的通常说法，只有达到最后一个阶段即非想非非想处，才算进入涅槃境界。

我们先来看"四禅"。

释迦牟尼的"四禅说"如下：

> 有觉、有观，离生喜、乐，得第一禅。除灭觉、观，内信欢悦，敛心专一，无觉、无观，定生喜、乐，得第二禅。舍喜守护，专念不乱，自知身乐，贤圣所求，护

念乐行，得第三禅。舍灭苦、乐，先除忧、喜，不苦不乐，护念清净，得第四禅。①

佛典中多见释迦牟尼关于四禅的表述，详略有异，但基本内容相同，其大意如下：

1. 初禅时，禅修者"有觉"（有思维）、"有观"（有感官感觉），心中因排除了世俗欲求而产生了喜乐的感觉。

2. 二禅时，禅修者的思维和感官感觉都消失了，"无觉"（没有思维）、"无观"（没有感官感觉），进入了空寂无我的状态，心中洋溢着因入定而产生的喜和乐。

3. 三禅时，禅修者开始用理智的观念审视自己的感觉，禅修者的强烈喜悦感消失了，但绵细的欢乐感仍然存在。

4. 四禅时，禅修者舍弃了所有的欲念，处于一种清净静寂的境地，无苦无乐，无喜无忧。

我对"四禅"的看法是：

1. 有觉有观的初禅，相当于巅峰体验过程中经历者凝神专注的前期准备和"朦胧模糊境界"的环节。

2. 无觉无观的二禅，相当于巅峰体验过程中经历者"意识消失"的环节。

3. 三禅和四禅，相当于巅峰体验过程中经历者意识恢复之后

---

① 《长阿含经》卷四。

的后续思辨环节。

在我看来，禅修者"四禅"时就已经完成了巅峰体验的整个过程，其中初禅和二禅是巅峰体验的前过程，三禅和四禅是巅峰体验的后过程。

至于后来的"四无色天"，体现了释迦牟尼对"四禅"中二禅状态的极度重视。释迦牟尼是有理由极度重视二禅的，因为二禅时的那种无觉无观、空寂无我的状态，就是古代印度先民所认为的不生不死、超越生死的状态，就是瑜伽修行的最高状态"三摩地"状态，实际上也就是佛教的"涅槃"状态。那么这里就有一个问题了：既然二禅时就已经达到了涅槃状态，释迦牟尼为什么还要附加三禅、四禅，甚至还要再追加"四无色天"的四种状态呢？对此我的理解是，之所以附加三禅、四禅，应该是释迦牟尼意识到，二禅中所产生的喜乐感不符合"苦谛说"，不符合他对人生是苦的根本性判断，因而需要移入属于后续思辨范畴的理性思维的三禅和四禅来去除喜乐感，以完成其理论体系的圆满。至于释迦牟尼添加"四无色天"的原因，我想可能有二：其一，"四无色天"的那些关于无时间意识、无空间意识、无自我意识、既无意识而又不是完全没有意识的表述，实际上是对二禅状态的详细描述。对于佛家来说二禅太重要了，因为二禅状态就是涅槃状态，需要引入"四无色天"概念来进一步阐释；其二，"四无色天"的表述是在试图总结一套思维的技术技巧，目的在于当巅峰体验结束之后，为禅修者重返二禅状态提供方法上的可能。

第四章　巅峰体验与东方：佛教禅修性质、《老子·四章》辨析

再来说说对《老子》第四章的认识。

《老子》第四章：

> 道冲，而用之或不盈。渊兮，似万物之宗。挫其锐，解其纷，和其光，同其尘。湛兮，似或存。吾不知谁之子，象帝之先。

任继愈先生译文：

"道不可见，而用它用不完。是那样的渊深啊，它好像万物的宗主。（它）不露锋芒，超脱纠纷，涵蓄着光耀，混同着垢尘。是那样无形无象啊，它似亡而实存。我不知道它是从哪里产生的，（只知道它）出现在上帝之先。"[1]

此外，《老子》五十六章又说：

> 知者不言，言者不知。塞其兑，闭其门，挫其锐，解其纷，和其光，同其尘，是谓玄同。

任继愈先生译文：

"懂得的不（乱）说，（乱）说的不懂得。塞住（知识的）穴窍，关上（知识的）大门，不露锋芒，超脱纠纷，涵蓄着光耀，

---

[1] 任继愈：《老子新译》（修订本），上海古籍出版社，1985年，68—69页。

混同着垢尘，这就叫作'玄同'。"①

我要说的，就是在《老子》第四章和五十六章中两度出现的那四句文字："挫其锐，解其纷，和其光，同其尘。"

任继愈先生对这四句文字的解释是"不露锋芒，超脱纠纷，涵蓄光耀，混同垢尘"，这一解释代表了学术界历来的基本共识，因为这一解释看上去非常契合世人皆知的老子的清心寡欲、知雄守雌、与世无争的处世态度。其他的解释多为这一解释的演绎，比如说希望统治者应当与民众休戚与共等等。

学术界的另一权威、台湾大学的陈鼓应先生在1970年出版的《老子今注今译》（1984年修订增补后再版时更名为《老子注译及评介》）中，对以上四句文字的注译与任先生相同，在五十六章注译时译为"不露锋芒、消解纷扰、含敛光耀、混同尘世"。②然而，陈先生在对《老子》第四章的注释中说："挫其锐，解其纷，和其光，同其尘：这四句疑是五十六章错简重出，……这四句《今译》从略。"③陈先生认为这四句在第四章的出现属于错误窜入，因而不予注释。陈先生的这一学术行为影响甚大，自此之后，大陆新版的种种《老子》对第四章的处理都大抵如此。

我的观点是：我不赞同任继愈先生对这四句文字的解释，认为任先生的解释是误读；我更不赞同陈鼓应先生关于这四句文字

---

① 任继愈：《老子新译》（修订本），上海古籍出版社，1985年，181-182页。
② 陈鼓应：《老子注译及评介》，中华书局，1984年，281页。
③ 同上书，75页。

第四章 巅峰体验与东方：佛教禅修性质、《老子·四章》辨析

是错简重出的判断，我认为这四句文字出现于第四章中顺理成章，完全符合行文逻辑，与第四章中其他文字关联紧密，绝非错简窜入可以忽略不计，而是大有意蕴。

这里的关键问题是如何解读"挫其锐，解其纷，和其光，同其尘"这四句文字。

我们先从五十六章开始分析这四句文字，因为在五十六章中，这四句文字与前后文字的逻辑关系看上去更为清晰。

我所理解的五十六章的内容翻译如下：经历过那种事（神秘顿悟）的人不说（因为那种事无法言说），侃侃言说那种事的人其实没有那种经历。堵塞房间的破漏处，关上房间的大门（以保持清静的环境）。"挫其锐，解其纷，和其光，同其尘"（而这就是神秘顿悟所体验到的境界）。

老子这是在说什么呢？我认为老子是在说神秘体验的事情，在说如何在清静的环境中凝神专注以引导"引发型巅峰体验"的发生。而"挫其锐，解其纷，和其光，同其尘"，就是描述巅峰体验发生时经历者所"看"到的境界，具体说来就是描述巅峰体验前过程中所呈现的那个朦胧模糊的境界。

从细分析这四句文字。"挫其锐"，挫：消除；锐：这是一个关键字，通常理解为物体的某处"锐角"，进而理解为"锋芒"，但我认为此字此处应该理解为物体的所有的"边边角角"，是指所"看"到的那些物体的边边角角都被"挫"去，没有可以辨识的轮廓，也就是说所见物体不成形状，难以辨识。"解其纷"，解：解

开、打开；纷：纷纷，众多。这句文字的意思是指"看"到很多的物体纷纷涌现，即"万物并作"[1]。它与释迦牟尼"缘起说"的大量形状模糊的物体源源不断出现的情形相同。"和其光，同其尘"，这两句文字的意思是指众多的物体模糊不辨，杂然相处，和谐无间。

如果我们回顾一下本书第二章引用的《老子》十四章和二十一章中所表述的巅峰体验过程中的朦胧模糊境界的那些文字，显然有助于我们理解这四句文字。那两章的文字说："视之不见名曰夷，听之不闻名曰希，搏之不得名曰微。此三者不可致诘，故混而为一。其上不皦，其下不昧，绳绳不可名，复归于无物。是谓无状之状，无物之象，是谓恍惚。迎之不见其首，随之不见其后。"[2] "道之为物，惟恍惟惚。惚兮恍兮，其中有象；恍兮惚兮，其中有物；窈兮冥兮，其中有精，其精甚真，其中有信。"[3] 而《老子》第四章中的这四句文字"挫其锐，解其纷，和其光，同其尘"，显然非常相似于《老子》十四章和二十一章的以上文字，可以理解为以上文字的一个简洁版。

总之，老子这四句文字绝非是说形而下的为人处世之道，而是在说神秘的巅峰体验，在说他在巅峰体验中的直观感受和豁然领悟。否则，老子为什么会说这四句文字所呈现的情形"是谓玄

---

[1]《老子》十六章。

[2]《老子》十四章。

[3]《老子》二十一章。

第四章　巅峰体验与东方：佛教禅修性质、《老子·四章》辨析

同"，是关乎最高秘密和最高境界的事情呢？

当我们这样理解"挫其锐，解其纷，和其光，同其尘"这四句文字之后，再来看《老子》第四章，就会认识到，这四句文字出现在第四章中是顺理成章的，完全符合文章的叙说逻辑：先是叙说"道"的表现形式，接着叙说"道"的至上意义，最后叙说"道"的原始形态以及对其进行评论，老子把那四句文字所表现的巅峰体验的朦胧模糊情境，视为"道"的原始形态。

《老子》第四章极不寻常，《老子》总章数八十一篇，其中说到"道"的神秘性的篇章不少，但说到"道"与神秘体验直接关联的篇章不多。在这不多的篇章中，第四章以及五十六章尤为不同寻常，其不同寻常之处在于，它们从发生学的角度说到了"道"观念与巅峰体验的关联，即明确说到了"塞其兑，闭其门"等静修行为与引发巅峰体验的关联。而且，正是因为老子在神秘的巅峰体验的经历中看到了"挫其锐，解其纷，和其光，同其尘"的朦胧模糊的境界，老子才会产生该章中所说的"渊兮似万物之宗"和"湛兮似或存"的感受，才会产生"象帝之先"和"是谓玄同"的猜想，才因而产生了非凡的"道"观念。

《老子》第四章对于研究巅峰体验与老子"道"观念形成的关系，具有独特价值，应该分外珍视。

第五章
巅峰体验与西方：上帝观念、圣徒经历和哲学家经历

与"涅槃"观念和"道"观念不同，上帝观念不是巅峰体验瞬间直观顿悟的产物，它有一个漫长的历时性过程，它起源于原始先民的"万物有灵"思维，是在这一思维的基础上逐渐衍变形成的。

人类学调查表明，世界各民族无一例外地在其早期阶段都信奉万物有灵论，相信大自然中的万物都有着各自的灵魂，山有山的灵魂，水有水的灵魂，动物有动物的灵魂，植物有植物的灵魂，大自然是一个住满了无数灵魂的世界。万物有灵论是原始先民对大自然的猜想和理解。从万物有灵论又生成大神观念，虽然万物有灵、遍地都是神灵，但是天神、地神、水神、日神等神灵成为原始先民和早期先民格外崇拜的大神，因为这些神灵所代表

的是决定人类生死存亡的最重要的自然现象，再然后出现的是最高神的观念。最高神的观念有两种形式，一种是等级制的最高神观念，即存在着许多神灵，但他们的等级有高有低，有一个最高等级的神灵统管其他神灵，如希腊神话的宙斯就是这样的最高神；还有一种是没有其他神灵，只有唯一的一个神灵，这个神灵就是最高神，如犹太教－基督教的上帝就是这样的最高神。犹太教－基督教的上帝观念的创始人是以色列民族的先祖亚伯拉罕（Abraham）。亚伯拉罕的故乡美索不达米亚信奉萨比教，萨比教处于万物有灵论和大神观念的阶段，崇拜日月星辰等神灵，其中太阳是最主要的神灵。传说亚伯拉罕与故乡的人们发生了争执，他认为应该有比太阳更伟大的神灵，只有这样的神灵才真正值得人们敬拜。亚伯拉罕的观点遭到了众人的反对，他被国王关进监狱。国王担心亚伯拉罕的言论触怒神灵给国家带来灾难，又将亚伯拉罕逐出国土。亚伯拉罕流浪至迦南之后，彻底放弃了多神教，提出了唯一的神上帝的观念。

从万物有灵的多神观到大神观，再到最高神观，体现了原始先民和早期先民对世界的观察、猜想、思辨和判断的思维进路，体现了原始先民和早期先民的理智精神。虽然这样的观念在当代理性看来幼稚荒诞，但它们是当时人类理智水平的真实反映，其中一神论的上帝观念，代表了四千年前人类理智思辨的最高水准。

虽然上帝观念不是巅峰体验瞬间顿悟的产物，但是它与巅峰体验有着极为重要的关联，它深刻地影响了此后的巅峰体验，同时也被此后的巅峰体验所深刻影响。

我们先来看上帝观念对此后巅峰体验的深刻影响。

上帝观念为此后的巅峰体验的经历者提出了一个形而上的指向。在亚伯拉罕之前，肯定也有人经历过神秘的巅峰体验，但是没有资料显示那些经历在人类思想史上的痕迹。可以想象，那些原始先民和早期先民的经历者在遭遇神秘的巅峰体验时往往是惘然的，除了强烈的幸福感之外不知所措。然而，上帝观念的出现，为神秘的巅峰体验给出了一个明确的形而上框定，此后的经历者一旦经历到这样的非常情境，就会立即想到这就是上帝莅临，就是自己与上帝合一。犹太教和基督教的信徒都是这样相信的，而正是先期成形的上帝观念奠定了这种信念。

我们再来看巅峰体验对上帝观念的影响，这种影响更为深刻。

巅峰体验明显强化了对于上帝作为世界最高存在者的感知，进一步确立了上帝至高无上的地位，巅峰体验对上帝观念最深刻的影响应该是至善观念。

最初的上帝形象并不善良，《旧约》中的上帝脾气暴躁，常常滥用暴力，如用大洪水淹没世界，如声称"谁得罪我，我就从我的册上涂抹谁的名。"[1] 台湾大学陈鼓应教授曾对《旧约》中上帝耶和华的杀人记录做过详细统计，数据惊人，陈鼓应为之感叹"耶和华太多的恨，太少的爱。"[2]《旧约》中的上帝暴躁凶猛，其

---

[1] 《出埃及记》32:33。
[2] 陈鼓应：《耶稣新画像》，三联书店，1987年，1—7页。

实反映的是"丛林规则"时期人类社会厮杀争斗的残酷情形，上帝的凶暴形象符合原始先民和早期先民对最高神的想象和需要，其他民族宗教神祇的早期形象也大抵如此，都是凶狠的，都是突出其具有至能至威的功能的。詹姆斯在解释这一现象时说："君主类型的至上权力，深深扎根于我们祖先的心灵，因此，他们想象神带有一些残暴和专断，似乎是一种现实的需要。他们称残暴为'报应正义'，不残暴的神在他们看来，一定没有足够的'自尊'。"① 然而，两千多年后出现在《新约》中的上帝则发生了明显改观。《新约》中的上帝形象是通过上帝之子耶稣而改观的，基督教认为圣父、圣子、圣灵三位一体，因而圣子也代表圣父，耶稣所言也就是上帝的新的意旨。《新约》与《旧约》的差别之大可以看以下之例：面对暴力，《旧约》的上帝说："以眼还眼，以牙还牙，以手还手，以脚还脚，以烙还烙，以伤还伤，以打还打。"② 《新约》里的上帝之子耶稣却说："有人打你的右脸，连左脸也转过来由他打。有人想要告你，要拿你的里衣，连外衣也由他拿去。有人强逼你走一里路，你就同他走两里。"③ 《旧约》里的上帝主张的是对等的暴力报复，而《新约》里的耶稣倡导的是非暴力的不抵抗主义。如果说《旧约》中的上帝主要是至能的，

---

① （美）威廉·詹姆斯：《宗教经验种种》，尚新建译，华夏出版社，2008年，239页。
② 《出埃及记》21：24—25。
③ 《马太福音》5:39—41。

那么《新约》中的上帝则主要是至善的。许多因素导致了上帝形象由至能向至能至善,然后至善至能的转变,而巅峰体验所提供的美好经验,无疑是其中极其重要的因素之一。从耶稣以及基督教的创始人保罗(Paul,约4—67)的一些具有超常道德感的言说中可以看出,他们都是有过巅峰体验经历的人。人类至善观念在实践中的生成有多种因素,这些因素的进化进步速率和所能达到的道德高度,都无法与瞬间爆发的巅峰体验相比较。巅峰体验让经历者在一瞬间进入了一个美轮美奂的至善境界,在这一境界中,万物同一,天下大同,经历者因而充满了强烈的激情,以最大的善意意欲友爱他人、友爱一切。如耶稣说的:"我要告诉你们,爱你的仇敌,祝福那些诅咒你的人,对恨你的人做善事,为那逼迫你的人祈祷。"[1] 如保罗说的基督徒的爱"并不分犹太人、希腊人、自主的、为奴的,或男或女,因为你们在基督耶稣里都成为一了",[2] 都是这种超越性的至善激情的表达。虽然上帝观念不是巅峰体验的直接产物,但是巅峰体验的经验反哺了上帝观念,基督教历史上教徒屡屡发生的巅峰体验的那些无比美好的体会,融入了基督教对上帝的想象和理解,美化和提升了上帝形象,完善了上帝观念。

然而,神秘的巅峰体验又是难以解释和难以言说的,上帝也是不可解释和不可言说的,巅峰体验对上帝的领悟是依凭非理性

---

[1] 《马太福音》5:44。

[2] 《加拉太书》3:28。

的直观感悟而直接抵达的,似乎不需要事实证明,不需要逻辑推理。因而神秘主义的神学家们一向拒绝用理性的方式来解释和言说上帝观念,如3世纪拉丁教父德尔图良(Tertulian,145—220)说:"雅典人与耶路撒冷的关系如何?学院与教会是否协调?……让我们摈弃一切能产生斯多葛、柏拉图派、辩证论说等冒牌基督教的企图吧!在拥有耶稣基督后,我们不再希冀有奇异的争论,在享有福音布道后,不需要再有逻辑分析。"[1] 德尔图良还有一句令人过目难忘的宣称:"正因为荒谬,所以我才相信。"[2] 在神秘主义神学家们看来,上帝是无限的,人类的意识是有限的,无限的上帝不能被有限的人类意识所认知,因而上帝是不可解释和不可言说的。

既然不可解释和不可言说,那么,如何证明巅峰体验以及由之表达的上帝观念在理性上的合法性呢?

作为常识我们知道,任何一种学说或观念,都必须具备理性的合法性才能够成立,否则就是一种臆说。所谓理性的合法性,是指其在方法论上必须具备两个要素,一是以事实为基础的,一是以逻辑方式推理的,即必须在是事实的基础上展开符合逻辑的推理论证的,唯有满足这两个要素,所获得的结论才具备理性合

---

[1] (美)C. 沃伦·霍莱斯特:《欧洲中世纪简史》,陶松寿译,商务印书馆,1988年,308页。

[2] (英)尼古拉斯·布宁、余纪元编著:《西方哲学英汉对照辞典》,王柯平等译,人民出版社,2001年,214页。

第五章 巅峰体验与西方：上帝观念、圣徒经历和哲学家经历

法性。

詹姆斯认为，神秘体验摧毁了理性主义的绝对权威，揭示了另一种真理思维样式，其理性合法性在于它也是一种心理事实，而且它所产生的思想带来了良好的社会效应。关于这个问题，我认为还可以再作进一步诠释：1. 逻辑推理问题：虽然巅峰体验的前过程是瞬间直观直觉的，但是在巅峰体验的后过程，经历者的理性意识是在场的，特别是在经历者持续的后续思辨中，更是以理性思维为主导的，其中充满了严格的逻辑推理。2. 事实性问题：巅峰体验作为一种心理事实已经得到确认，如果对巅峰体验的研究更进一步，揭开了巅峰体验的生理生成机制，那么，巅峰体验就不仅仅是一种心理事实，而是一种可以还原为生理现象的事实，巅峰体验的事实性问题就从根本上毋庸置疑了。

需要指出一个基本事实，基督徒对最高存在者上帝的领悟，实际上很少是由巅峰体验实现的，大量的是由如梦体验实现的，因为巅峰体验是一种罕见的难以发生的生理现象，而如梦体验作为心理的思维现象则较易发生。

来看如梦体验的几个案例。

古罗马神父奥古斯丁（Aurelius Augustinus，354—430）的例子。一天，年轻的奥古斯丁坐在朋友家的花园里苦苦思索。他痛恨自己生活荒淫，想痛改前非，却又不知道怎么才能做到。他内心充满挣扎，躺在一棵无花果树下痛哭：

我不知道怎样去躺在一棵无花果树下，尽让泪水夺眶而出。……我呜咽着喊道："还要多少时候？还要多少时候？明天吗？又是明天！为何不是现在？为何不是此时此刻结束我的罪恶史？"

我说着，我带着满腹心酸痛哭不止。突然我听见从邻近一所屋中传来一个孩子的声音——我分不清是男孩子或女孩子的声音——反复唱着："拿着，读吧！拿着，读吧！"立刻我的面色变了，我集中注意力回想是否听见过孩子们游戏时有这样几句山歌，我完全想不起来。我压制了眼泪的攻势，站起身来。我找不到其他解释，这一定是神的命令，叫我翻开书来，看到哪一章就读哪一章。……

我急忙回到阿利比乌斯（注：奥古斯丁的朋友）坐的地方，因为我起身时，把使徒的书信集留在那里。我抓到手中，翻开来，默默读着我最先看到的一章："不可耽于酒食，不可溺于淫荡，不可趋于竞争嫉妒，应被服主耶稣基督，勿使纵恣于肉体的嗜欲。"我不想再读下去了。我读完这一节，顿觉有一道恬静的光射到心中，溃散了阴霾笼罩的疑阵。①

---

① （古罗马）奥古斯丁：《忏悔录》，周士良译，商务印书馆，1963年，157—158页。

第五章　巅峰体验与西方：上帝观念、圣徒经历和哲学家经历

一位现代女囚的例子。这位名叫苏珊的美国女子因杀人罪被囚于死牢，她在牢中思绪翻滚，绝望而又企望：

思绪在我的脑海中翻滚。社会能够饶恕我这些违反人性的行为吗？社会能将这种罪恶从我的双肩上卸下来吗？在监狱里度过余生，能够赎回我所犯下的罪行吗？我能够做点什么呢？我凝视着我的将来，我的选择：坐监、逃跑、自杀。思来想去，简直一片茫然。但不知怎的，我总感到还有另外一种选择。我可以选择过去人们一直规劝我选择的道路。我可以选择跟随耶稣。忽然间，如同白昼一般，传来话音："你必须做出抉择。瞧，我就站在门边敲门呢！"我当真听见有人那样说吗？我以为我是在想象中自言自语，但我不敢肯定，"什么门？"

"什么门，在哪里，你是知道的，苏珊。你只需要转过身来，就可以把它打开，就会进来。"突然，就像在电影屏幕上，我思想上果然出现了一道被闩上的门。我上前抓住门闩一拉，门开了。一道我曾见过的最白、最灿烂的光辉撒满了我全身。在这片光明的中间，有一道更为光明的光，隐约闪现出一个男人的身影。我知道那就是耶稣。他在跟我讲话——逐字逐句地、明白无误地、确定无疑地。在我被监禁的9呎宽、11呎长的牢房里跟我讲话。"苏珊，我真的来了，我真的到了你的灵魂深处，不走了。"我清楚地意识到，我深深地吸进了一口

气，然后又完全呼了出来。啊，再也无罪了！罪恶消逝了！完全消逝了！精神上的痛苦也消逝了。立刻就消逝了！这是怎么回事呢？我有生以来第一次觉得洁净，完全洁净，里里外外都洁净。26年来，我从来没有感到这样幸福。①

一位欧洲男子的例子。他在山顶观赏大自然美景的时候，突然感觉到一种精神升华，感觉到他亲近了上帝：

有一回，我从高山之巅举目远望，沟壑纵横起伏的风景尽收眼底，一直伸展到高凸的狭长海洋，直抵天边。从同一地点俯视脚下，只能看见一大片无边无际的白云，飘动的白云表面，露出几个高耸的山峰，包括我脚下的这座，它们似乎来回穿梭，拖动着抛下的船锚。我几次感受的是：暂时忘记了自己是谁，同时得到启迪，发现我平时不曾看到的生活的深刻意义。正是此时，我觉得可以理直气壮地说，我曾享受过与上帝感通。②

中世纪修道院修女格特鲁德（Gertrude）的例子。这位修女

---

① （英）玛丽·乔·梅多、理查德·德·卡霍等：《宗教心理学——个人生活中的宗教》，陈麟书等译，四川人民出版社，1990年，129—130页。
② （美）威廉·詹姆斯：《宗教经验种种》，尚新建译，华夏出版社，2008年，51页。

当时被认为善于证明基督之爱的神秘主义权威,她的《启示录》中记有这样一例:

> 一天,她在礼拜堂,听见一种超自然的吟唱:"圣洁,圣洁,圣洁。"上帝之子像热恋的情人一样依偎着她,最轻柔地亲吻她的灵魂,并在第二个"圣洁"唱出之时,对她说:"在给我的圣洁声中,通过这个吻,你将得着我的神性与人性的全部神圣,对于你,这是走向圣餐桌的充分准备。"下一个星期天,她为这个恩宠感谢上帝时,看见上帝之子,比成千上万的天使还美丽,抱着她,好像以她为荣,并赐予她完美的神圣,把她引见给天父上帝。天父接见独子介绍的灵魂,甚为高兴,便不再正襟危坐,将自己圣洁所具有的神圣赐予她,圣灵也这样做了——因此,她始终充满完美的神圣之福,这是全能、智慧和至爱赐予的。[1]

以上案例体现了如梦体验的一些重要类型:1.奥古斯丁的例子是一个很著名的案例,经常被神父们引用,他的经历被认为是上帝给予的启发。但实事求是地看,此例不过是一个偶然的巧合,只是它恰好发生在当事人极为专注于某种念头并且情绪挣扎极为

---

[1] (美)威廉·詹姆斯:《宗教经验种种》,尚新建译,华夏出版社,2008年,250页。

激烈的时刻，于是这种巧合被理解为神秘神圣的启迪。2.女囚的案例虽然不是巧合，但同样也是发生在当事人极为专注于某种念头并且情绪挣扎极为激烈的时刻。这种情形在宗教中多见，有学者将其称为宗教的"临界状态"，即当事人处于极度痛苦、极度绝望的状态中时，极易引发上帝的幻象并立刻无条件地皈依以求获得拯救。3.登山男子的案例则正好相反，当人在心情最平静、心境最平和的时候，容易被美丽、美好的事物深深感染和感动，突然萌生博大的亲和意识，如果他知晓一些关于上帝的知识，那么他会把这种崇伟的感受和崇伟的上帝联系在一起。4.修女案例也是一种常见现象，表现为当事人沉浸在自己所深情向往的情境之中，无比投入地放飞想象，从而获得了梦幻般的实在感并由之感到无比的欢欣喜悦。

　　说如梦体验不等于巅峰体验，并不是说如梦体验不重要，恰恰相反，如梦体验非常重要。如前所述，人类对最高存在者或终极实在，以及对世界本质和人生意义的形而上思维，有两种基本形式，一种是哲学沉思的形式，一种是巅峰体验的形式，而如梦体验则是介于这两种基本形式之间的第三种形式。如梦体验虽然达不到哲学沉思那样的理性高度和巅峰体验那样的本原性深度，但是它自有长处，它的最大长处在于两点：其一，它是自由想象和自由思辨的，它可以汲取哲学沉思和巅峰体验所提供的思想养料，又可以摆脱某些哲学定论和某些神秘论说的羁绊，可以充满激情地无拘无束地在思想的天空中任意翱翔。其二，它与现实社会关联紧密，它没有哲学沉思那样的思辨难度，也不像巅峰体验那样罕见难得，它因而有着广泛的发生基础，是人类现实生活中最常发生的形而上思辨，也是与社会现实保有最为鲜活关系的形而上思辨。如梦体验的意义不在于高度和深度，而在于它想象和思辨的丰满度，在于它与社会现实的契合度，在于它应对当下的适用度。哲学家是少数，巅峰体验的经历者是少数，人类最大量的形而上之思，是由无数的如梦体验的经历者在各种各样的情形下缤纷多彩地展开的。

如梦体验在许多方面相似于巅峰体验，比如也可能是突发的，也有顿悟感，也伴生强烈的欢欣喜悦，也可以指向最高存在者或终极实在，即也具有形而上思辨的维度。但是尽管如此，如梦体验仍然与巅峰体验是不同的。第一章曾简要介绍过如梦体验与巅峰体验的诸多差异，如发生频率的差异、呈现境界的差异、发生机制的差异、思想程度的差异等，但是没有提及其中一个最鲜明的差异，因为这一差异如果不佐以案例印证难以说明。现在有了以上案例，我们可以来谈谈这一最鲜明的差异了。

如前所述，巅峰体验过程中有两个关键环节，就是出现朦胧模糊的境界和意识突然消失的现象，这两个环节导致经历者在巅峰体验前过程中处于意识模糊和意识全无的状态，意识中至多只有模糊不清的物象，而没有任何清晰的物体形象，更是绝对没有清晰的人形物体形象。因而在所谓的神秘体验中，凡是没有经历过那个意识模糊和意识全无的过程、凡是直接清晰地"看"见了上帝形象的，都是想象性的如梦体验，而不是巅峰体验。对此，基督教史上两位著名的西班牙神秘主义者十字架圣约翰（John Saint of the Cross，1542—1591）和圣特蕾莎都说得很明白和很绝对，都说过虽然基督徒在神秘境界中与上帝会和，但是基督徒在那一境界中却不可能产生对上帝的直观印象，不可能看到上帝的形象。

十字架圣约翰说：

> 没有任何语词、任何媒介、任何比较，能够表达这种智慧的崇伟，表达充满其中的那种精神感受之微妙。……我们得到的关于上帝的这种神秘知识，既没有任何形象，也没有任何感觉表象，我们心灵在其他环境下运用的手段统统无效。虽然神秘的甜美智慧在我们灵魂的最深处清清楚楚地被把捉，但是，这种知识因为不用感觉和想象，所以，我们得不到任何形式或印象，既不能加以说明，也不能指出任何相似之处。[1]

圣特蕾莎说：

> 当上帝提升灵魂并与之会和时，便中止灵魂的一切自然活动。假如她还与上帝合而为一，她既看不见，也

---

[1] （美）威廉·詹姆斯：《宗教经验种种》，尚新建译，华夏出版社，2008年，294页。

第五章　巅峰体验与西方：上帝观念、圣徒经历和哲学家经历

听不见，而且没有任何理智。……然而，假如你问，会和之时，灵魂既没有视觉，也没有理智，她如何能够看见并理解她曾经在上帝之内？我的回答是，她当时并没有看见，而是当她醒来后才清楚地看见，不是凭视觉，而是凭长期与她厮守的确信，只有上帝能够给她这种确信。……

可是，你还会问，一个人怎么能够这样确信他没有看见的东西？这个问题，我无力回答。这些是上帝全能的奥秘。我参不透。①

他们说的是在巅峰体验前过程中经历者是看不清任何具体物体的，哪怕是上帝也同样如此。詹姆斯说，一切宗教的神秘主义权威人士都断然认为，在真正的神秘体验中，是没有确定的感觉形象的。②经历者在神秘体验发生之始，是否看见了上帝的形象，是区别如梦体验和巅峰体验的一个简单而确定的标准。

这里插论一个问题，为什么西方宗教的最高存在者上帝是人形的神，而东方宗教的最高存在者"涅槃"以及"道"不是人形神呢？

这一问题历来众说纷纭，莫衷一是。现在，当我们明白了在

---

① （美）威廉·詹姆斯：《宗教经验种种》，尚新建译，华夏出版社，2008年，295—296页。

② 同上书，40页。

神秘的巅峰体验过程中发生了怎样的情形,也就明白了其中原委。原因就在于最高存在者的观念是怎么得来的:如果这一观念来自巅峰体验,那就不可能是人形神;如果不是来自巅峰体验,那就很有可能是人形神。

东方的最高存在者观念"涅槃"和"道",是巅峰体验的产物。在巅峰体验的初始呈现中,物体模糊不清,没有可以辨识的物的形象,更没有人的形象,哪怕模糊的人形形象也没有,巅峰体验的经验不支持产生人形最高存在者的认知。"涅槃"和"道"是释迦牟尼和老子在突发的巅峰体验中的直观顿悟,释迦牟尼和老子没有逸出他们的体验经验,忠实于他们的直观感悟,因而他们领悟到的最高存在者是没有人形的。

而西方最高存在者观念"上帝",源于渊源久远的"万物有灵"观、大神观,这些观念在其产生之初就是以人作为类比的,就是人形的或近乎人形的,"上帝"是这种人形神的传承和升华。

尽管最高存在者观念有着非人形的和人形的差别,但是这一差别并不重要。不论是东方的非人形的最高存在者"涅槃""道",还是西方的人形最高存在者"上帝",对于不同文化传统的人们来说,都满足了他们所渴求的形而上追问,都使他们各自获得了对世界最高存在者、世界本质和人生意义的认知,都让他们喜悦欢欣。

我在阅读中惊讶地发现,基督教历史上一些最著名的圣徒其实并没有亲身经历过巅峰体验,他们只是熟知那些经历者的经历,接受了他们的感悟,对他们的巅峰体验感同身受,但是他们自己却没有这样的亲身经历,他们所经历的只有如梦体验。

奥古斯丁就是这样。

5世纪的奥古斯丁,是教会认定的教史上最杰出的两大圣徒之一。奥古斯丁为教会的教理教仪做出了多方面的重大贡献,但奥古斯丁认为,从根本上说宗教最重要的问题是灵魂救赎,是灵魂与上帝的关系问题,认为认识灵魂是认识上帝的前提,只有真正认识了自己的灵魂,才有可能真正认识上帝,才有可能获得救赎。奥古斯丁之所以这样认为,是深受3世纪思想大师普罗提诺的影响。普罗提诺既是一位哲学家,又多次经历过神秘的巅峰体验,他根据哲学沉思和神秘体验而认为人的灵魂的最好归宿,是认识上帝(太一)、趋向上帝(太一),最终飞入上帝的至善境界。奥古斯丁深深服膺于普罗提诺的思想,专注于自我剖析和深度分析,他的最重要的著作《忏悔录》是人类史上第一部以第一人称写作的忏悔录。奥古斯丁在他的忏悔中苦苦求索,殚精竭虑,呕心沥血:"主啊,请你俯听我、怜悯我,……如果你听不到幽深之处,那我们将往何处,将向何处呼号?"[1] 现代德国神学家马丁·布伯(M. Buber)说,奥古斯丁是"以颤抖之心"审视自己、感悟上帝。复旦大学施忠连教授在评论《忏悔录》时说,在这本书中,奥古斯丁向上帝敞开自己的胸怀,吐露自己的隐私,责备自己的过失,表白自己的心情,敢于暴露自己灵魂中的阴暗

---

[1] (古罗马)奥古斯丁:《忏悔录》,周士良译,商务印书馆,1963年,232页。

之处，不惜倾诉告别过往而引起的巨大精神痛苦，同时表达了他对丑恶事物的厌弃、对美好事物的热烈追求、对人生真谛的深深思索，以及对真理的领悟。《忏悔录》体现了将真理同自己的信仰、心灵和全部生命融为一体的独特的奥古斯丁精神。[①]

但是在奥古斯丁的这本自传中，我们没有读到巅峰体验的记录，除了在朋友家后花园的那次不算是巅峰体验的神秘遭遇之外，其他有关神秘感受的文字只是引用前人的话，没有自身经历的痕迹，还有几处是牙痛突然消失、盲人突然复明之类低阶次的所谓"神迹"。

像这样的情形不止于奥古斯丁，其他一些著名圣徒也是如此。

然而，这并不重要。这些圣徒虽然没有巅峰体验的亲身经历，但是他们听闻过巅峰体验的那种非凡感悟，他们深深地感同身受，并以之指引自己；他们以自己的如梦体验的想象和思辨，实现了自我的精神升华，丰富了基督教对最高存在者上帝的感悟，而且不止于此。以奥古斯丁为例，他不仅丰富了基督教对上帝的感悟，还重视自我剖析、重视内在生活、重视自我超越的精神，启迪了人对自我的认知和拓展，对于西方民族的人格养成和精神成长产生了深远的积极影响。

13世纪的托马斯·阿奎那（Thomas Aquinas，1225—1274），则是另一种情形。

[①] 施忠连：《向往上帝的真善美——奥古斯丁〈忏悔录〉精粹》，湖北人民出版社，1989年，12—13页。

第五章 巅峰体验与西方：上帝观念、圣徒经历和哲学家经历

罗马神学家阿奎那，是教会认定的两大最杰出圣徒之中的另一位圣徒。基督教自其创始之初即主动汲取希腊哲学的某些观念来充实自己的教义，最初引入的是希腊哲学家柏拉图的学说。在基督教神学家看来，柏拉图的哲学非常适用于基督教：柏拉图的那个最高理念"至善理念"很接近于上帝观念，可以用上帝观念来替代；柏拉图的那个超出现象世界的理念世界，又正好相当于基督教的彼岸世界；而柏拉图对灵魂与身体的划分以及对灵魂应当完善的强调，又完全符合基督教对精神升华的要求。奥古斯丁就是通过普罗提诺的学说而欣然接受了柏拉图的学说，奥古斯丁的学说是早期基督教接受希腊哲学的一个典范。但是，早期基督教对希腊哲学的汲取是皮相的，真正汲取了希腊哲学精髓的，是奥古斯丁八百年之后的天主教神父阿奎那。阿奎那潜心研究的是希腊哲学家亚里士多德的学说。亚里士多德的著作在罗马时代早期就在欧洲湮失了，直到13世纪由阿拉伯人保存的亚里士多德的著作才重返欧洲。亚里士多德的学说重在阐述哲学的方法论，而希腊哲学的精髓并不是它的世界观，而正是它的方法论，即并不是关于最高存在者"至善理念"的论断，而是理性精神，是以事实和逻辑为思维原则的方法论。阿奎那信服希腊哲学的理性主义的方法论，他从宗教的角度出发，相信上帝与理性是一致的，相信凡是理性的证明都是对上帝的证明，凡是对上帝的证明都应是和必是理性的证明。他用亚里士多德研究本体的方法论研究上帝，用理性的方式推演上帝存在的理由。阿奎那的贡献改变了此前仅

凭忠贞激情和浪漫想象证明上帝的陈旧方式，完成了关于上帝的完整的本体论证明，极大地提升了天主教－基督教教理的理性含量，使基督教的面貌焕然一新。阿奎那的学说因而替代奥古斯丁成为教会最重要的官方理论代表。

阿奎那生性拘谨，沉默寡言，对生活中的种种事情了无兴趣，唯一专注的就是神学哲学研究，他阅读广泛，知识渊博，被公认为史上无可争议的最博学的神学家。阿奎那对奥古斯丁等人带有神秘色彩的神学思想深表敬意，但他自己对神秘的事情并不上心，他真正感兴趣的是齿轮般咬合传动的严谨的理性思辨。

阿奎那的一生至少有两个悖论。一个悖论是他尊崇哲学的理性精神并以之指导自己的神学研究并因而获得了巨大成就，但是他又说过"哲学是神学的奴仆"这样的话。[1] 第二个悖论是在阿奎那逝世的前一年发生的一件蹊跷事情。在一次主持弥撒的时候，阿奎那突然陷入了一种迷惘出神的失常状态，使得弥撒不能继续下去。自那次之后，阿奎那就像变了一个人一样，他不再像过去那样勤勉地读书写作，而是常常独自发呆。他周围的神职同事们惊慌地传说阿奎那"精神崩溃"了。

一部阿奎那的传记中有这样一段记录：

瑞吉纳尔德（注：阿奎那的神职同事）请求他回到

---

[1] 北京大学哲学系外国哲学史教研室：《西方哲学原著选读》（上卷），商务印书馆，1981年，261页。

第五章 巅峰体验与西方：上帝观念、圣徒经历和哲学家经历

以前有规律的读书和写作生活。托马斯坚定地对他说："我不能再写了。"沉默了一段时间以后，瑞吉纳尔德又再次提出同样的请求。托马斯同样坚定地对他说："我不能再写了。我看见了一些东西，它们让我所有的作品看起来如同草芥。"[①]

究竟发生了什么样的事情能给阿奎那造成如此剧烈的影响，让学识渊博，而且一向"身体和精神都像牛一样强壮"的阿奎那突然之间垮掉了？在我看来，完全可能是阿奎那在那次弥撒时突然发生了一次巅峰体验，因为只有神秘的巅峰体验才具有这样强烈的冲击力：阿奎那突然意识到最高存在者上帝是瞬间直观的感悟，而不是理性推演的产物。唯有这样极其强烈的巅峰体验经历，才足以打垮阿奎那的理性主义，让他丧失了继续读书写作的兴趣，让他痛苦万分地发现"它们让我所有的作品看起来如同草芥"。

詹姆斯说过，神秘体验所带来的感觉，总是比抽象思维能给人们提供更多的东西。[②] 阿奎那正是落入了这种境地。

西方是理性主义的领地，哲学家是西方理性主义的中坚，那么，当西方哲学家个体遭遇到神秘的巅峰体验时，他们会是怎样

[①]（英）G. K. 切斯特顿：《方济各传 阿奎那传》，王雪迎译，三联书店，2016年，243页。

[②]（美）威廉·詹姆士：《宗教经验之种种》，唐钺译，商务印书馆，2002年，396页。

的反应呢?

　　这里先插论一个问题,在探究最高存在者或终极实在时,哲学与宗教在方法论上的根本差异。早期哲学如古希腊哲学,受传统神话式思维的影响,其实也充满了神秘色彩,与宗教思维同样巫风弥漫。如苏格拉底就说过他常常听到神灵对他说话,这也就是著名的"苏格拉底的神谕",苏格拉底甚至说过只有神秘主义者才可能是真正的哲学家。[1] 又如柏拉图常常说到灵魂飞升,还说过神秘的灵魂"顿悟";许多后世的神秘主义神学家因而认定柏拉图是他们的先驱同道。尽管如此,正是由苏格拉底、柏拉图和亚里士多德等古希腊哲学家在探求最高存在者或终极实在时创造了一种新的方法,即哲学的方法论。哲学的方法论不是任凭想象的神话式思维,而是理性主义思维,它讲求严谨的事实和严密的逻辑,讲求在严谨的事实基础上进行严密的逻辑推理;尽管由于时代知识的局限根本不可能达到以上两点要求,但是哲学方法论在主观意愿上是这样严格要求自己的。哲学方法论是归纳式的,即自下而上地、从基本现象出发层层向上地推论最高存在者或终极实在。柏拉图在《会饮篇》中说到"至美观念"亦即"至善"观念是如何获得时说:"正确的进路应该利用世上的美做阶梯,借以攀升,最终获取那个至美,从一种美进到两种美,从两种美进到所有美的形式,从美的形式到美的行为,从美的行为到美的

---

[1] 《斐多篇》69d。

第五章 巅峰体验与西方：上帝观念、圣徒经历和哲学家经历

概念，再从美的概念进入绝对美的概念，最后知道美的本质。"①宗教的方法论则一向是神话式的，并且是演绎式的，即自上而下地、先断定最高存在者或终极实在再层层向下地解释基本现象。哲学的方法论是事实推演，宗教的方法论是武断推论。哲学与宗教的根本差异看上去是所认定的最高存在者或终极实在不同，实质上是两者方法论的不同，因为最高观念是方法论的产物。基督教创立后主动汲取希腊哲学的理性因素，逐渐拉开了与古老宗教的距离，逐渐增强了尊重事实与逻辑的理性内涵，但是宗教对事实与逻辑的尊重是有限的、有保留的，在一般问题上讲求事实与逻辑，但在关键问题上则往往置事实与逻辑于不顾，只允许符合原教旨的解释。如基督教关于上帝创世的观念就不允许质疑，尽管这一观念明显不符合事实与逻辑，但是必须作为基督教的绝对基础予以接受。又如佛教关于释迦牟尼逝世后的问题，不能说佛祖死亡了，只能说还活着，不能说"无"，只能说"有"，于是产生了几十种形形色色的关于死后如何还可以"有"的"无余涅槃"的说法，其中包括中土佛家创造的"妙有"说法。哲学对待事实与逻辑的方法论则是无限的、无保留的，所有的观念都必须经受事实与逻辑的检验，通过了予以认可，通不过的即予否定，没有任何观念可以凌驾于事实与逻辑之上。比如柏拉图的"至善理念"观念，尽管它是理性主义的第一个形而上本体论哲学体系，尽管

---

① （美）威廉·詹姆斯：《宗教经验种种》，尚新建译，华夏出版社，2008年，41—42页。

它对两千多年来的西方理性思想的生成与发展产生了极其巨大的影响，如西方许多重要的哲学家都说过：西方两千年来的哲学史就是一部对柏拉图哲学展开阐释、批判和继承的历史，但是近现代之后，在新发现的事实面前，在新证实的逻辑破绽面前，"至善理念"观念未费多少周章就被哲学理性扬弃了。柏拉图哲学以及传统本体论哲学的被扬弃，是柏拉图哲学的失败，但更是柏拉图哲学所倡导和高扬的理性主义精神的伟大胜利，人们不会忘记柏拉图哲学的历史功绩。哲学真正重要的不是它提出的某个具体观念，哪怕是关于世界观的最高观念，而是它的理性主义的方法论，是它对事实与逻辑的无条件尊重。正是因为这一理性主义的方法论，哲学才饱含不竭的生命力，才真正具有宏观认知世界的能力和价值。

从文献记载来看，古希腊哲学家中有人有过神秘经历，但这些经历是不是巅峰体验，由于语焉不详而无法辨识。比如古希腊哲学家毕达哥拉斯（Pythagoras，约公元前580—约公元前500），他说他有过神秘体验，他在神秘体验中看见了自己灵魂转世的七次生平，如当过渔夫、当过御臣、当过剑客等等。毕达哥拉斯的这一说法与释迦牟尼觉悟那夜的中夜时分和后夜时分的想象一样，释迦牟尼说他那时看见了自己千百次的转世情形，不过释迦牟尼在此之前有过初夜时分的顿悟，初夜时分的顿悟是一次确定无疑的巅峰体验。毕达哥拉斯没有说到他是否有过像释迦牟尼初夜时分的那种顿悟，如果仅仅只有关于自己灵魂转世的想象，那也就只是神秘的想象而已，谁都可以作出这样的想象，作出过

第五章 巅峰体验与西方:上帝观念、圣徒经历和哲学家经历

这类想象的人太多了。苏格拉底的"神谕"现象,即他所说的常常听到雅典守护神对他说话的现象,当时也被认为是非常神秘的,但在现代心理学看来,这不过是一种神经质的幻听现象,并不罕见。还有柏拉图说过在认知至善理念过程中"灵魂顿悟"并为之狂喜的话,柏拉图的这一表述也常常被认为是神秘主义的,但其实柏拉图只是表达了理性思辨中经常发生的那种思维突破时的状态,相当于阿基米德(Archimedes,公元前287—公元前212)的那个著名例子,阿基米德在泡澡时突然领悟到了体积测定重量的办法,他欣喜若狂,居然爬出浴缸光着身体跑上大街大呼:"我找到办法啦!我找到办法啦!"这种理性思维中的顿悟与狂喜,与巅峰体验的顿悟与狂喜显然不是一回事。

被称为"西方神秘主义之父"的公元3世纪古罗马哲学家普罗提诺,则是可以确定有过巅峰体验的哲学家。

普罗提诺是古希腊罗马哲学时代的最后一位大师级人物。他信从柏拉图哲学,他说他的全部学说都源于柏拉图哲学,是对柏拉图哲学的继承和阐释。他的最高存在者观念"太一"观念与柏拉图的"至善理念"非常相似,只是中间层次有所差异。奥古斯丁盛赞普罗提诺是"世上最懂柏拉图的人",[①] 他自己就是通过普罗提诺而服膺柏拉图的。柏拉图哲学之所以在后世能有那么大的影响,与普罗提诺的大力宣扬与阐释是分不开的。有西方学者指

[①] (古罗马)普罗提诺:《九章集》(上)(译序),应明、崔峰译,上海三联书店、中国社会科学出版社,2017年,7页。

出,可以毫不夸张地说,西方思想史泰半时间是通过普罗提诺的眼睛来看柏拉图的。①

普罗提诺的学生波菲利(Porphyrios,233—305),在普罗提诺逝世后编辑完成了老师的《九章集》。波菲利在《普罗提诺生平及其著作编排》一文中提到,在他伺奉老师的6年时间里,曾经看到普罗提诺有过4次进入神秘的出神状态。请注意,波菲利在6年时间里就看到普罗提诺有过4次进入神秘的出神状态,那么普罗提诺在其66年的生涯中很有可能还有过多次这样的神秘经历。

这里再插论一个问题,就是经历者多次经历巅峰体验的问题。我们知道,神秘的巅峰体验是一种非常罕见的自然现象,极少发生,一个人一生若能经历一次就属非常幸运了,为什么有人却能多次经历呢?如普罗提诺和16世纪西班牙神秘主义者圣特蕾莎就是这样。对此我的理解是,他们的多次经历实际上并非全部都是巅峰体验,其中有巅峰体验,但更多的是如梦体验,从圣特蕾莎的传记中可以明显看到这一点。不过还有一种情形,当经历者熟练地掌握了某些修行技术,也有可能多次产生引发型的巅峰体验,如释迦牟尼。在此应当特别指出的是,从老子的著作中可以看出,老子曾经多次经历过巅峰体验,其中明显有引发型的巅峰体验,但应该也有自发型的巅峰体验。老子多次经历过巅峰体验的证据,

---

① 参见上书译序,8—9页。

第五章 巅峰体验与西方：上帝观念、圣徒经历和哲学家经历

在于老子的"循环往复"的观念。老子说世界万物是一次次地从无到有、从有到无地循环往复的，"吾以观复"。① 这种从无到有、从有到无的一再重复的感受，仅凭一次巅峰体验的经历是不可能形成的，需要多次经历才有可能就此形成鲜明的印象和得出确定的结论。

回到普罗提诺。

普罗提诺显然是极为罕见的人物，即多次经历过巅峰体验。波菲利在评说普罗提诺生平时写道："'在这不息不眠的内外观照中，'神谕说，'你的双眼已然目睹了缤纷美景，而这缤纷美景并非许诺给所有走哲学之路的人'。"② 普罗提诺是一名幸运的哲学家。

我们来看普罗提诺对他的巅峰体验的一些陈述：

> 这样的事情发生过多次：我脱离身体进入了真正的自我，我看到了一种极其伟大的无比的美。我确信那时的我与更高的品级发生了联系，获得了与神明的同一。③

---

① 《老子》第十六章。

② （古罗马）普罗提诺：《九章集》（上）（波菲利文），应明、崔峰译，上海三联书店、中国社会科学出版社，2017年，93页。

③ （英）安德鲁·洛思：《神学的灵泉：基督教神秘主义传统的起源》，孙毅、游冠辉译，中国致公出版社，2001年，65页；（古罗马）普罗提诺：《九章集》（下），应明、崔峰译，上海三联书店，2017年，538页；（古罗马）普罗提诺：《九章集》（下册），石敏敏译，中国社会科学出版社，2018年，443页。

灵魂也能转向至善，只要它有了知识和视觉，就能看见至善，一旦看见，就对所见景象欣喜不已，并且完全惊呆了。……当灵魂看见这里转瞬即逝的美，就已经完全知道，有光从别的地方照到它们上面。……在那里，它肯定会看到一切都是美的，真的，并由此获得更大的力量，因为它充满了真实存在者的生命，成了真正存在着本身，有了真正的意识，感知到自己已经贴近一直渴求的对象。①

……突然，他可能永远不知道发生了什么事，他就被涌来波浪推上浪峰，他被举起并且看见。那景象发着光芒涌向双眼，不过，这光芒并不是照亮了某些其他的对象，不如说这光芒本身就构成了所见到的景象。这里没有照明之光和所见之物的区别，也不再有理智和理智对象的区别。(《九章集》6.7.36)②

在普罗提诺的以上引文以及其他述说中，对巅峰体验的各个环节和特征都有明确并准确的表达。如以上引文中涉及突然发生

---

① （古罗马）普罗提诺：《九章集》（下册），石敏敏译，中国社会科学出版社，2018年，724页。
② （英）安德鲁·洛思：《神学的灵泉：基督教神秘主义传统的起源》，孙毅、游冠辉译，中国致公出版社，2001年，64页。

第五章　巅峰体验与西方：上帝观念、圣徒经历和哲学家经历

环节、光感环节和瞬间性特征，如第二章引文中涉及模糊境界环节和理智消失环节，如第三章引文中涉及意识恢复后的即时思辨环节和不可言说的特征。普罗提诺还多次说到强烈的喜悦感，他说："说真的，拿世界的任何事物来交换，它（注：人的灵魂）也不愿意。即使有人把整个宇宙给它，它也不会接受，因为没有任何事物比这更美好，没有任何善比这更高。……在这样的快乐中它确定无误地知道自己是快乐的。"[①] 普罗提诺的有些体验是如梦体验或是理性思辨的突破，但由于普罗提诺对巅峰体验的关键环节都有明确并准确的表述，因而可以确认普罗提诺确实经历过巅峰体验。

普罗提诺有一段表述，表达的是理性思辨的突破状态，即理性思辨过程中产生顿悟时的状态，它不是巅峰体验，但在形式上与巅峰体验有所相似。这段文字很可珍视：

> 认识至善或者触及至善，这是最伟大的事。柏拉图说这是"最伟大的学习"，不是把对它的凝视，而是把对它的预先了解称为学习。我们了解它和认识它是通过比较、分析、抽象、认识从它而来的事物，以及一步步通向它的方法途径。我们要走向它，就必须借着净化、德性和好的装饰，在可理知世界获得立足之地，扎根在那

---

① （英）安德鲁·洛思：《神学的灵泉：基督教神秘主义传统的起源》，孙毅、游冠辉译，中国致公出版社，2001年，728页。

里,……当他进展到这种状态的时候,那就近了。至善就在他的上面,已经非常靠近他,照耀着整个可理知世界。正是在那儿,人抛弃了一切学习,因为终于上升到了一个高处,坚实地立足在美中。此时他仍然还能对自己的处境有所思想,但随后理智的巨浪汹涌而来,把他带出了思想,提升到更高处,他眼前突然间豁然开朗,看见了异象,但不知道是怎样看见的。异象的光充满了他的眼睛,使他根本无法再看其他事物,他所能看见的唯有光本身。……他自己就是只产生理智的光,这光自己不会在生产中毁灭,它是永在的,那理智的生成就是因为这至善的存在。如果没有至善存在,理智就不可能生成。①

普罗提诺既有巅峰体验瞬间顿悟的经历,又有哲学沉思突破顿悟的经历,他最有资格评说这两种形式的短长,最有资格认定是哲学沉思还是巅峰体验对于探知最高存在者或终极实在更好一些。那么,他是怎么认为的呢?

普罗提诺说:

> 理智有两种能力,一种是思考的能力,通过这种能力看见自身里面的事物,另一种是直接意识和接受的能

---

① (古罗马)普罗提诺:《九章集》(下册),石敏敏译,中国社会科学出版社,2018年,730页。

力，借此它能看见超越于它的事物。……第一种能力是理智在自己心智清醒时的凝思，第二种能力是理智"喝醉琼浆"处于迷狂状态的爱；于是他就坠入爱河，在爱河中变得单纯而快乐。对它来说，这样的迷狂比保持清醒和尊严更好。①

之所以产生困惑，主要是因为我们对太一不能像对其他可理知事物那样，可通过推理的知识或理智的感知来认识，而只能通过超越知识的方式显现。②

显然，普罗提诺更钟情的是神秘的巅峰体验。

三联书店版《九章集》译者应明指出，把哲学沉思与神秘体验融合在一起，是普罗提诺学说的特点和难点。普罗提诺通过对柏拉图灵魂观念的阐释演绎，突出了人的主体性，突出了作为主体性的人的内在体验，让人的形而上之思成为一种活生生的生命实践。应明说，普罗提诺像一般哲学家一样构建了庞大精密的形而上学体系，但和一般哲学家不同的是，他更关注活动其间的人的灵魂，关注人的内在精神，他教导人们从物质的诱惑中醒来，一点一点地刻苦净化自己，向着无限高远的上方飞升，最

---

① （古罗马）普罗提诺：《九章集》（下册），石敏敏译，中国社会科学出版社，2018年，728页。
② 同上书，767页。

后同时看见本真的自我和至善的神，让自我通过神性的顿悟也成为"神"。①

普罗提诺可以给我们许多重要启迪，他的非凡经历可以使我们对哲学沉思、巅峰体验、如梦体验这三种关涉终极性思辨的思维形式有更为清晰的认识。

有读者会认为，普罗提诺之所以钟情于神秘的巅峰体验，是公元之初的局限，是因为那时还有太多的知识不为人们所知晓，那时的哲学家还有着太浓郁的神秘主义情结，一旦人类的理性主义意识成为主流意识之后，至少在哲学家群体中就不应该再发生过于钟情巅峰体验的事情了。

那么，让我们来看哲学史上的一个重要案例，17世纪的法国帕斯卡尔（Blaise Pascal 1623—1662）之例。

帕斯卡尔是17世纪最卓越的数学家、物理学家之一，对理论科学和实验科学做出了重大贡献，多条数理定律以"帕斯卡尔定律"命名，他还是世界上第一部计算器的发明人。也许，若不是他曾经经历过一次神秘的体验，他可能终生只是卓越的数理科学家，那次巅峰体验改变了他，他从此殚精竭虑地思辨最高存在者问题，他的思辨成果在他逝世后由亲友编成《思想录》，他因为这部巨作而跻身于伟大的哲学家行列。

在帕斯卡尔生前，人们并不知道他的那次神秘体验。在帕斯

---

① （古罗马）普罗提诺：《九章集》（上）（附文《阅读麦肯那、阅读普罗提诺》），应明、崔峰译，上海三联书店、中国社会科学出版社，2017年，28—29页。

第五章　巅峰体验与西方：上帝观念、圣徒经历和哲学家经历

卡尔逝世后，人们在他的一件内衣上被小心缝好的口袋中发现了一份备忘录，上面记录了他逝世前8年发生的那次神秘体验，除了原始记录，还有一份写在羊皮纸上的抄件。现转摘那份初始的版本如下：

> 1654年。星期一，11月23日。……大约从晚上十点半到十二点半。火！亚伯拉罕的上帝、以撒的上帝、雅各的上帝，[①] 不是哲学家和科学家的上帝。笃信。笃信。情绪。欢乐。祥和。耶稣基督的上帝。你的上帝即是我的上帝。忘掉了世界，忘掉了一切，只有上帝。……人类灵魂的伟岸。……欢乐，欢乐，欢乐，欢乐的泪水。……我将与他永生相随。[②]

在那次神秘体验中，帕斯卡尔像所有的经历者一样体验了强烈的身心震撼，沉浸于极大的欢乐之中，他为之流下了幸福的泪水。此时的帕斯卡尔，忘掉了一切，毫不怀疑地笃信上帝，坚定地表示要永生追随上帝。帕斯卡尔无疑是一名理性主义者，是一

[①] 亚伯拉罕为《圣经》所记载的希伯来人的祖先，以撒为亚伯拉罕之子，雅各为以撒之子。

[②] （比利时）保罗·费尔代恩：《与神在爱中相遇：吕斯布鲁克及其神秘主义》，陈建洪译，中国致公出版社，2001年，237—238页。该备忘录的完整抄件，可见（法）雅克·阿塔利：《帕斯卡尔：改变世界的天才》，鲁方根、赵伟译，上海人民出版社，2014年，154—155页。

名信奉理性原则的杰出科学家，但是那个晚上，帕斯卡尔也在巅峰体验中陷入了如痴如狂的状态，抛弃了他素来信守的理性主义，投入了神秘主义神学的上帝怀抱。

帕斯卡尔在他此后不多的生命岁月里，用大量的精力思考上帝问题，思考上帝是否存在以及上帝与世界和人生的关系。帕斯卡尔的思考非常纠结，反反复复，矛盾冲突。一方面，惊心动魄的巅峰体验的经历让他意识到似乎应当扬弃理性原则，他写道："感受到上帝的乃是人心，而非理智。而这就是信仰：上帝是人心可感受的，而非理智可感受的。人心有其理智，而那是理智所根本不认识的。"[1] "我们认识真理，不仅仅是由于理智而且还由于内心；正是由于这后一种方式我们才认识到最初原理，而在其中根本没有地位的推理，虽然也在努力奋斗，但仍然枉然。"[2] 在这段文字下面有何兆武教授的注释：此处"内心"指与理智或推理相对立的直觉。这表明当时的帕斯卡尔高度首肯神秘的直观直觉。然而另一方面，帕斯卡尔又难以割舍他素来坚信的理性原则，认为即便要树立上帝的信仰，也需要理性的支撑。他说，虽然他不认为科学可以证实上帝，但是相信信仰与理性绝不是相反的，即使信仰超过理性，它也必须像物理学那样经受实验。"这是我们澄清问题的唯一权威，……因为信仰在其中离不开事实真相，我们

---

[1] （法）雅克·阿塔利：《帕斯卡尔：改变世界的天才》，鲁方根、赵伟译，上海人民出版社，2014年，258页。

[2] （法）帕斯卡尔：《思想录》，何兆武译，中国国际广播出版社，2009年，26页。

只有通过事实真相才能懂得信仰。"[1] 帕斯卡尔的思辨陷入矛盾混乱之中。他说完全排斥理智或者完全认同理智都是过分的，他说"上帝存在是不可思议的，上帝不存在也是不可思议的"。[2] 帕斯卡尔心力交瘁，甚至想放弃所有思考，任由上帝决定："最好是由于徒劳无功地寻求真正的美好而感到疲惫，从而好向救主伸出手去。"[3] 然而即便放弃也依然是痛苦的："但愿上帝使我们能相反地永远都不需要理智，并且使我们只凭本能和感情便可以认识一切事物吧！可是大自然却又拒绝给我们以这种恩惠，反之它所给予我们的只有极少数这类知识，而其余的一切便都只能凭推理获得。"[4]

帕斯卡尔哲学对后世影响最大的，是他在这样的深入思考中，通过无限广袤的宇宙与极其渺小的人类之对比而得出的苍凉论断。在帕斯卡尔看来，宇宙无限广袤，而这个无限广袤的宇宙是一个冷冰冰的物质宇宙，除了地球之外没有其他生命，人类是宇宙中孤零零的唯一生物。帕斯卡尔说，他为无限宇宙的永恒沉默和人类的绝对孤独感到恐惧。同样让帕斯卡尔感到深深恐惧的，还有人终有一死的必然命运和人类存在的偶然性，这种必然的命运和不可思议的偶然性让人类的存在显得荒谬而无解。帕斯卡尔说："我不知道是谁把我安置到世界上来的，也不知道世界是什

---

[1] （法）雅克·阿塔利：《帕斯卡尔：改变世界的天才》，鲁方根、赵伟译，上海人民出版社，2014年，91页。
[2] 同上书，252页。
[3] （法）帕斯卡尔：《思想录》，何兆武译，中国国际广播出版社，2009年，122页。
[4] 同上书，26—27页。

么，我自己又是什么？我对一切事物都处于一种可怕的愚昧无知之中。……我看到整个宇宙的可怖的空间包围了我，我发现自己被附着在那个广漠无垠的领域的一角，而我又不知道我何以被安置在这个地点而不是在另一点，也不知道何以使我得以生存的这一小点时间要把我固定在这一点上，……正像我不知道我从何而来，我同样也不知道我往何处去；我仅仅知道在离开这个世界时，我就要永远地或则是归于乌有，或则是落到一位愤怒的上帝的手里，而并不知道这两种状态哪一种应该是我永恒的应分。这就是我的情况，它充满了脆弱和不确定。"[1] 没有依傍，没有目的，没有缘由，人类在无限宇宙中的存在何其脆弱又何其苍凉！德国哲学家汉斯·约纳斯（Hans Jonas）评论说：帕斯卡尔是第一个在近代理性的基础上论说以宇宙为背景的人类处境的人，揭示了人类在现代宇宙论的这个物理宇宙中的可怕的孤独感，无限浩瀚的宇宙对人类事务不闻不问，构成了人类在万物总和之中的极度孤独。作为总和的一部分，人只不过是一根芦苇，随时可能被巨大而盲目的宇宙力量所压碎，他在这个宇宙中的存在只是一个盲目的偶然，他的毁灭也同样是一个盲目的偶然。这种存在的极端偶然性，剥夺了我们理解自身的一个可能的参照系及一切人情味。这就是人类的处境。然而，这种处境不只是无家可归、孤苦伶仃以及恐惧的心境，自然的冷落还意味着自然不指向目的，目的论

---

[1] （法）帕斯卡尔：《思想录》，何兆武译，中国国际广播出版社，2009年，101—102页。

从自然体系中排除出去了，自然是无目的的，它不再可能为人类的目的提供任何支持。虽然帕斯卡尔的宇宙依然还是神创的宇宙，但是这个神是根本未知的神，这个宇宙没有提供秩序揭示出创造主的目的。价值从而失去了本体论的支持，人对意义与价值的追求不得不完全依靠自己。约纳斯还指出，帕斯卡尔的哲学是现代存在主义哲学的先声，三百年后的存在主义哲学家们就是从帕斯卡尔的哲学中获得了他们的灵感。[1]

帕斯卡尔像当时大多数欧洲人一样，是一名基督徒。在帕斯卡尔的《思想录》中可以读到许多赞美上帝的话，也可以读到一些怀疑上帝的话。但是我们会发现，那些赞美上帝的话大多是前人说过的，是帕斯卡尔在复述前人说过的话；而那些怀疑上帝的话，则大多是前人没有说过的，是帕斯卡尔在人类思想史上第一个、第一次说出的话。比如以上介绍的帕斯卡尔的人文宇宙观，又比如他的著名的"打赌论"，他说在吃不准有没有上帝的情况下，相信上帝存在是一个有益无害的赌注。

那么，帕斯卡尔对于他的那次神秘体验最终究竟是怎么认识的呢？《思想录》中似乎没有涉及，就像帕斯卡尔生前从未向人们述说过此事一样，《思想录》似乎也对此保持了沉默。然而仔细阅读，我发现《思想录》中的一段文字，其实泄露了秘密，表达了帕斯卡尔对这一事件最终的总结性观点：

---

[1] 刘小枫选编：《灵知主义与现代性》（约纳斯《灵知主义、存在主义、虚无主义》），华东师范大学出版社，2005年，37—40页。

> 有些象征是明白的而又可指证的，但另有一些则有点不合情理，并且只能是向那些已经被说服了的人作证。后一种就像启示录派，然而这里的不同就在于它根本就没有什么确凿无疑的东西；从而最不正当的事莫过于他们也表明他们的东西和我们的某些东西同样之有根据的，因为他们并没有什么能像我们的某些东西那样可以指证。因此，双方并不能等同。绝不能把这些东西等同起来并加以混淆，因为它们在一端仿佛是相似的，而在另一端却是那么地不同；正是那些明确性，当其神圣的时候，才值得我们去尊敬那些幽晦不明。①

这段文字可以译读如下：科学理性的证据作为证明是普遍有效的，但宗教启示的证据则不然，它只对信仰者有效；宗教启示的证据中没有确凿无疑的东西，这是它与科学理性的根本不同之处，将它等同于科学理性的证据是不正当的；不能将两种证据相提并论，因为它们虽然在某些方面仿佛相似，但在某些方面又截然不同；宗教启示的那些幽晦不明的东西，只有具备了科学理性的明确性，才是值得我们尊敬的。

当我们做出这样的解读时，也就明白了帕斯卡尔对那次神秘经历的最终观点，即帕斯卡尔最终还是拒绝了神秘体验的神秘诱

---

① （法）帕斯卡尔：《思想录》，何兆武译，中国国际广播出版社，2009年，137页。

第五章　巅峰体验与西方：上帝观念、圣徒经历和哲学家经历

惑，依然坚持了理性主义的原则。

帕斯卡尔之例表明，对于理性意识明确的理性主义者来说，尽管神秘的巅峰体验会给他们带来极其强烈的冲击，会造成极大的困惑，但是理性原则对于他们有着更为强大的召唤力，会让他们最终重返理性立场。

我们再来看德国哲学家雅斯贝尔斯（Karl Theodor Jaspers, 1883—1969），他是可以确定有过巅峰体验经历的现代哲学家。

雅斯贝尔斯自称他曾经经历过神秘体验，他说："我在哲学思维中经验到超越存在的现实性，并没有中介，我是通过我自己而经验到它的，而通过我自己时，我自己被当作一种不是我自己的东西。"[1] 雅斯贝尔斯把他通过神秘体验而领悟的终极实在称为"大全"，他这样描述那个作为终极实在的"大全"：大全是一个在思维中永远看不到视野边际的辽远深邃的空间，它无限广袤，却又模糊难辨，它视而不见、听而不闻；大全不显示自身，但是一切东西都在它里面显现，呈现出纷繁的情境，正是因为大全，万物赖以成为万物，我们赖以成为我们；大全蕴含着一切理想，蕴含着真正的真理，蕴含着人的最深刻的满足，但是由于大全自身不显现，人们不能客观地认识大全，一旦人们试图以理性的方式、以清晰的思辨分析它时，它就悄然消失了；大全不能成为人

---

[1] （德）卡尔·雅斯贝尔：《生存哲学》，王玖兴译，上海译文出版社，2013年，92页。

的思维的对象，它不给人们以思维它的可能性。雅斯贝尔斯还指出，大全是一种个人的直接体验，只有内心的隐秘道路可以抵达，只有具备了极高精神素养的人，才可能领悟到它的存在，聆听到它的召唤；大全是一种非理性的状态，它靠体验者的信仰来体悟和领会。从以上内容可以看出，雅斯贝尔斯确实经历过巅峰体验，因为在他对"大全"的表述中充分表达了巅峰体验所特有的种种特征。雅斯贝尔斯的表述，是对巅峰体验情境的现代化表述，将其与老子的古典表述对照来读，可以鲜明地感受到现代化表述的魅力。

也正是因为雅斯贝尔斯经历过巅峰体验的强烈冲击，所以他曾经说过迷乱和癫狂是人的最佳认识状态，如果不用这样的方式进行思维便不可能理解存在本质之类的话。[1]

然而，雅斯贝尔斯后来不再作这样的强调了。在1937年出版的《生存哲学》中，他强调的不再是巅峰体验的诱惑，而是哲学的原则和尊严。他说，哲学信仰是哲学思维者的本质，"哲学思维者以哲学信仰为基本现实"。[2] 雅斯贝尔斯在信仰问题上尊重宗教，他认为在对形而上最高观念的追求中，哲学信仰与宗教信仰不是对立的，而是同一水平上的两样事物，没有孰高孰低的差别。但是尽管如此，雅斯贝尔斯不愿意用宗教论说神秘体验时

---

[1] 夏军：《非理性世界》，上海三联书店，1993年，169页。
[2] （德）卡尔·雅斯贝尔：《生存哲学》，王玖兴译，上海译文出版社，2013年，92页。

第五章　巅峰体验与西方：上帝观念、圣徒经历和哲学家经历

惯用的"启示""临在"等语言来表述他的体验，他把"大全"划分为世界、普通意识、意识、实存、精神、生存以及超越存在等七个哲学范畴，按照哲学的方式逐一分析。1956年，在时隔19年之后为《生存哲学》所写的再版后记中，他更为清晰地表达了他的理性主义立场，他说："对理性动物来说，当宗教的信仰不让人们有所皈依的时候，一切能证实的和可依靠的东西，都出于哲学。"①

二战期间以及二战之后，身为德国弗莱堡大学哲学教授的雅斯贝尔斯，与同为该校哲学教授、后来成为著名哲学家的海德格尔（M. Heidegger，1889—1976）有过一系列瓜葛。二战期间，海德格尔附逆纳粹，成为纳粹党员和弗莱堡大学校长。二战之后，海德格尔被盟军当局解除教学资格但数年后又予以恢复，这两件事都与雅斯贝尔斯有关联。雅斯贝尔斯没有过于严厉地追责海德格尔，他对海德格尔政治上的非理性不大看重，倒是非常看重海德格尔学术上的非理性，他对海德格尔充满神秘主义色彩的存在主义哲学大加批评。雅斯贝尔斯指出，海德格尔的存在主义哲学唯一关心的是"充满神秘的绝对事物"，是哲学、诗和现代魔法的混合物，是没有论证也无可论证的武断的"神谕式的断言"，是对理性主义的否定和对当代现实的反叛。雅斯贝尔斯认为，海德格尔的哲学与其说代表了一种"严肃的生存承诺"，不如说代表了

---

① （德）卡尔·雅斯贝尔：《生存哲学》，王玖兴译，上海译文出版社，2013年，103页。

"一种对巫术、神秘性和魔法的屈从"。① 雅斯贝尔斯哲学的前后变化，以及对海德格尔存在主义哲学的批判都表明，对于理性意识明确的理性主义者来说，尽管神秘的巅峰体验会给他们带来强烈的冲击，造成极大的困惑，但是理性原则对于他们有着更强的召唤力，会让他们最终重返理性立场。

不过事情并不是如此简单。就雅斯贝尔斯和海德格尔这两位哲学大师而言，他们构成了两个很有意思的对比，其一，有过神秘体验的雅斯贝尔斯，最终对非理性的神秘主义态度决绝，而不曾有过神秘体验的海德格尔，却对非理性的神秘主义非常痴迷。其二，谨守理性主义原则的雅斯贝尔斯的哲学，虽然当时影响颇大，但在20世纪下半叶失去了影响，而充满着"非理性"思辨色彩的海德格尔的哲学，却在20世纪下半叶如日中天，产生了极大的影响，被视为对后现代社会的一种创新性的理性诠释。这两个对比，尤其是后一个对比饶有趣味，似乎再次印证了詹姆斯的那句话：神秘体验所带来的感觉，总是比抽象思维能给人们提供更多的东西。

---

① （爱尔兰）杰拉德·汉拉第：《灵知派与神秘主义》，张湛译，华东师范大学出版社，2012年，216—221页。

第六章
巅峰体验的种种人为获得方式：激发潜意识

巅峰体验分为"自发型巅峰体验"和"引发型巅峰体验"两种类型。

自发型巅峰体验是一种源于人的深层生理原因而自然发生的突发现象，是不可能人为地令其发生的。马斯洛说："高峰体验都是以毫无预料、突如其来的方式发生的。我们无法预计它们会在什么时候出现。"[1] "就我们迄今所看到的高峰体验来说，其中大多数都具有被动感受的性质。高峰体验降临于人，而人则必须能够做到听其自然。人不能强迫、控制或支配高峰体验。意志力是无

---

[1] 林方主编、(美)马斯洛等著：《人的潜能和价值》，陈维正译，华夏出版社，1987年，372页。

用的，奋力争取和竭力遏制也是无用的。对这类体验我们只须让其自然发生。"①

引发型巅峰体验，是指人为地采用某些行为而引发的巅峰体验。在漫长的历史中，许多民族和宗教发现了某些行为可以引发巅峰体验的发生，于是将其运用于身心修行以获得这种体验。巅峰体验人为获得方式的发现是一件了不起的事情，它使得原本罕见的巅峰体验成为相对容易产生的现象，从而使得更多的人可以领略那一美轮美奂、至善至美的境界。不过需要指出的是，人为引发的方式只是提供了增加巅峰体验发生的可能性，并不能确保巅峰体验绝对发生，正如马斯洛所说的，使用人为的方式可以使高峰体验更有可能发生，"但是，没有任何一种途径能够确保产生这种体验"。② 事实上人为方式获得巅峰体验的概率不高，有的方式甚至很低，它们实际上大多产生的是如梦体验，即想象和沉思的体验，而非巅峰体验。

人为获得巅峰体验的方式，通常有这样几种：印度瑜伽（含佛教禅定）、中国气功、基督教（含犹太教）的祈祷与冥想、持续诵念、使用致幻品、超限度的性行为。

分述如下。

---

① 林方主编、（美）马斯洛等著：《人的潜能和价值》，陈维正译，华夏出版社，1987年，379页。
② 同上书，373页。

一、印度瑜伽（含佛教禅定）

印度瑜伽的起源极为久远，考古发现约在 6000 年前即已出现。印度瑜伽的基础形式是修行者通过静坐并调整呼吸达至专注凝神状态，现代科学研究证明，凝神静坐的确可以导致人的身心发生一系列的物理性和化学性的变化，使人进入一种不同寻常的意识状态之中。修行瑜伽可以有多种功效或目的，如强身健体、延年益寿，据说可以练成身体升腾、隐身匿行、洞察前世情形，以及获得千里眼、顺风耳等特异功能，又如可以获得对最高存在者或终极实在的形而上顿悟以及获得个人命运的彻底解脱。古代印度的所有哲学-宗教派别都非常重视瑜伽修行的形而上维度的功能，都把瑜伽修行作为认知在最高存在者或终极实在的途径和求取个人彻底解脱的途径。佛教也不例外，释迦牟尼就是在一次瑜伽修行中获得了巅峰体验，获得了佛教所称的觉悟，从而创立了佛教。

关于瑜伽可以引发神秘的巅峰体验的问题，以及瑜伽与佛教禅定的关系问题，皆为研究者所熟知，本节不拟再作赘述，只是欲就印度古代瑜伽所说的"寻"和"伺"，与佛教所说的"觉"和"观"作一比较分析。

印度古代瑜伽在表述修行者由专注凝神到进入三摩地（涅槃）的过程时，将其划分为渐次递进的三种状态：有寻有伺的状态、无寻有伺的状态、无寻无伺的状态。

"寻"和"伺"都是表达经历者在这一过程中的意识感觉,至于具体表达什么样的意识感觉,有多种解释,如"搜寻对象和观察对象",如"粗大的物体和细微的物体",如"粗糙的意识和精微的意识"等,我赞同其中的这样一种解释:"寻"指明晰的物象,"伺"指模糊不清的物象。按照这样的解释,瑜伽修行者在这一过程的意识中所"看"到的先是既有明晰的物象也有模糊不清的物象(有寻有伺),然后"看"到的只有模糊不清的物象(无寻有伺),当进入三摩地时,则经历者意识中的明晰物象和模糊不清物象都统统消失了(无寻无伺)。

这样一来,关于"寻"与"伺"的表达就与巅峰体验的前过程完全吻合了:"有寻有伺"是指瑜伽修行者专注凝神的初始状态,"无寻有伺"是指瑜伽修行者进入了巅峰体验的朦胧模糊境界的环节,"无寻无伺"是指瑜伽修行者进入了巅峰体验的意识消失的环节,即进入了被认为是三摩地亦即"涅槃"的境界。

接下来的情形便如印度当代著名瑜伽导师艾扬格(B. K. S. Iyengar)所说:

> 在无伺三摩钵底中,修习者经验到无法用语言表达的境界。所有在有伺三摩钵底中观照的精微对象都消失了。他脱离了记忆、过去的经验和所有旧业。这个新的冥想境界没有因果、空间和时间。在这个难以言传的境

界中，纯粹的喜悦和纯粹的自我浮现出来，并被修习者经验到。①

在艾扬格的论说中，我们看到了相同于马斯洛对巅峰体验境界的表述。

佛教在表述从专注凝神到进入涅槃状态的过程时，将瑜伽的"寻"和"伺"改称为"觉"和"观"，瑜伽的"有寻有伺"改称为"有觉有观"，"无寻无伺"改称为"无觉无观"。这样的改称并无不可，但重要的是，瑜伽关于这一过程是三段论的，即有寻有伺、无寻有伺和无寻无伺三个阶段，到了佛教却成为两段论的，即只有有觉有观和无觉无观两个阶段，省略了与瑜伽的无寻有伺相对应的"无觉有观"的阶段。这是一个严重的问题。佛教禅修省略了"无觉有观"这一阶段，意味着其在理论表述上省略了巅峰体验过程中的朦胧模糊境界的环节。这一省略令人大为疑惑。佛教最原始的典籍阿含类经典中，都是只有有觉有观和无觉无观的两段论，倒是晚出的个别典籍，如《大般若波罗蜜多经》《阿毗达磨俱舍论》等重新提到了瑜伽式的三段论，但是这些晚出的典籍无法动摇佛教关于巅峰体验过程的两段论的主流论述。显而易见，瑜伽的三段论，比佛教的两段论更准确、更周详地表述了巅峰体验过程的实际情形。

---

① （印度）艾扬格：《帕坦伽利瑜伽经之光》，王东旭、朱彩红译，海南出版社，2016年，120页。

二、中国气功

中国气功的起源时间尚无定论，通常认为中国气功至少已有3000年历史。

与印度瑜伽相同，中国气功应该也起源于先民在劳作中的坐姿休息，先民发现在坐姿休息中通过调整呼吸、去虑静心可以得到更好的休息，甚至还可以祛病除恙、强身健体、延年益寿，因而逐渐发展出一套气功形式。难以思议并值得庆幸的是，中国气功也像印度瑜伽一样，可以通过专注凝神而引发神秘的巅峰体验，使经历者意外地获得对最高存在者或终极实在的形而上豁然领悟。从《老子》中可以看到，老子正是通过"塞其兑，闭其门"[1] "致虚极，守静笃"[2] 的气功修习形式而获得了对"道"的形而上领悟。

老子通过气功修习而获得形而上的领悟，在其当时并非孤例，这里介绍一下道家的另一份古典文献《内业》。20世纪80年代，西方汉学界的一些学者在编辑《管子》一书时，通过文献学研究方式发现，历来不为人们所关注的文章《内业》，可能很不寻常。管子生卒早于老子，但是《管子》的成书时间晚于《老子》，而且《管子》是一部杂家之书，儒、道、法、墨、阴阳等各家文献均有收录，其中包括《内业》等四篇道家文献，这四篇道家文献历来被国内学术界认定为老子的后学所作。然而这些西方汉学家通过

---

[1] 《老子》五十六章。
[2] 《老子》十六章。

对《内业》与《老子》的语言特征、语词衍生、思路拓展等方面的比较，认为《内业》的成文时间应该早于《老子》，"可能是中国最古老的神秘主义文献"。[1]

《内业》的重心在于论说气功的修习方法和气功强身健体的功效，其中没有像《老子》那样的向政治学、社会学、军事学等方面的延伸发展，与老子思想的成熟相比显得初始和淳朴，这也是认为《内业》先于《老子》的理由之一。《内业》中有大量关于如何修习气功的论说，如"心静气理，道乃可止（注：止：来到）"，"修身静意，道乃可得"[2]，"能正能静，然后能定"[3]，"四体既正，血气既静，一意抟心，耳目不淫，虽远若近"[4]，"心能执静，道将自定"[5]等等。这些说的是只要保持端正的坐姿，排除心头的杂虑，就能心意静定，"道"就会来到，修习者就会进入美妙的"道"的境界。《内业》中的一段文字全面论说了气功的美颜、强身、醒脑以及提升个人品质的功效："人能正静，皮肤裕宽，耳目聪明，筋信而骨强，乃能戴大圜而履大方，鉴于大清，视于大明。敬慎无忒，日新其德，遍知天下，穷于四极。"[6] 说的是如果

---

[1] （美）罗浩：《原道：〈内业〉与道家神秘主义的基础》，邢文、严明等译，学苑出版社，2009年，导论第3页、170—175页。
[2] 《内业》四。本书的《内业》分节，参照陈鼓应《管子四篇诠释——稷下道家代表作解析》的分节。
[3] 《内业》五。
[4] 《内业》十三。
[5] 《内业》十六。
[6] 《内业》十一。

通过气功修习达到心正意静的状态,修习者就会皮肤细腻,形貌丰润,耳目聪明,筋骨伸展而强健;就能够顶天立地,理解事物透彻,观察事物明晰;就能够处事谨慎而不犯错误,不断地提升自己的道德品质,从而可以洞察天地间的一切。

然而,《内业》给人以最具冲击力印象的,还是它浓郁的形而上思辨色彩,以及它对创生世界万物的最高存在者的直观领悟。

我们来看《内业》开头几节的文字。需要指出的是,《内业》中"气""精"概念与"道"概念三者是异名同义的。

> 凡物之精,此则为生,下生五谷,上为列星。流于天地之间,谓之鬼神;藏于胸中,谓之圣人。
>
> 是故此气,杲乎如登于天,杳乎如入于渊,淖乎如在于海,卒乎如在于己。
>
> 是故此气也,不可止以力,而可安以德;不可呼以声,而可迎以音(意)。敬守勿失,是谓成德。德成而智出,万物毕得。[①]

译文:

万物都有精气,赖它获得生命;在地生成五谷,在天聚为众星。精气流散在天地之间,便称为天地精神;藏储在胸中,便是圣人智慧。

---

① 《内业》一。

这种精气，灿然如高升于天际，暗然似深入于渊底，舒展开如在四海之外，收聚起如在人身之中。

对于这种精气，不可以人力留住它，只可以德心安养它；不可以声名呼唤它，只可以意念迎取它。敬守精气而不遗失，便能进一步成就德心。德心的成就便能使人生出智慧来，有了智慧可使天地万物皆得其宜。①

> 谋乎莫闻其音，卒乎乃在于心，冥冥乎不见其形，淫淫乎与我俱生。不见其形，不闻其声，而序其成，谓之道。②

译文：

它寂然无声不可得闻，但它收聚时却又集于人的身心，它杳然无形不可得见，但它却绵绵不断与生命共存。尽管看不见它的形体，听不到它的声音，却能够有序地成就万物，这就是所谓的"道"。③

> 凡道，无根无茎，无叶无荣，万物以生，万物以成，命之曰道。④

---

① 陈鼓应：《管子四篇诠释——稷下道家代表作解析》，商务印书馆，2006年，91页。
② 《内业》三。
③ 《管子四篇诠释——稷下道家代表作解析》，95—96页。
④ 《内业》四。

译文：

道虽无根茎，无花叶，但万物赖它而生，靠它而成，所以把它称为"道"。[1]

《内业》对"道"的论说，虽然没有《老子》的论说那样高拔丰满，但两者的认知实质是一致的。而且《内业》中的论说与巅峰体验经历者在巅峰体验过程中的感受吻合。如"折折乎如在于侧，忽忽乎如将不得，渺渺乎如无穷极"（它仿佛明明就在身旁，却又恍恍惚惚而不可得，渺茫没有尽头）[2]这样的表述相似于朦胧模糊境界的感觉。又如"道也者，口之所不能言也，目之所不能视也，耳之所不能听也"，[3]则更是明确的巅峰体验式的表述了。

总之，《内业》和《老子》双璧式地证明了中国气功与神秘的巅峰体验、与巅峰体验导向的形而上瞬间顿悟有着天然性的关联。

有一种学术观点认为，中国气功可能受到印度瑜伽的影响，可能是在早先中印之间的商贸交往过程中由印度带入中国的。关于此说，尚无事实和文献考古的证明，相反，我认为有一个重要的事实是否定这一猜想的。我注意到虽然印度瑜伽和中国气功在形式上相似，都是静坐凝神而入定，但凝神的方式不一样。印度瑜伽的凝神，为了排除大脑中的杂念使得注意力集中，采取的方式是意识专注于某个情境（佛教称为"所缘"），

---

[1] 陈鼓应：《管子四篇诠释——稷下道家代表作解析》，商务印书馆，2006年，98页。

[2] 《内业》二。

[3] 《内业》四。

这一情境或"所缘"通常是某个物象，如月亮、宝石、花环、燃着的蜡烛等，还可以是本尊或上师的形象，通过凝神专注时一直专注于这一个情境（所缘）然后入定进入巅峰体验状态。而中国气功则完全相反，中国气功为了凝神入定，采取的方式是完全清空意识中的所有意象，让意识进入完全虚无的状态。这一方式用《老子》的话说，是"致虚极，守静笃"[1]；用《内业》的话说，是"敬除其舍，精将自来"[2]，说的是把心中打扫干净，然后那一至高境界将会来临。由此可见，中国气功与印度瑜伽从内在方式来看，是两个不同的修行体系。

中国气功所导致的形而上顿悟，不仅适用于道家，也适用于儒家等不同人群。摘录几则明代儒士通过气功静坐凝神而获得形而上瞬间领悟的案例。

胡直

或踞床，或席地，常坐夜分，少就寝，鸡鸣复坐，其功以休心无杂念为主，其究在见性。……一日，心思忽开悟，自无杂念，洞见天地万物，皆吾心体。喟然叹曰：予乃知天地万物非外也。[3]

---

[1] 《老子》十六章。
[2] 《内业》八。
[3] 胡直：《困学记》。

罗念庵

当极静时,恍然觉吾此心中虚无物,旁通无穷,有如长空云气流行,无有止极。有如大海鱼龙变化,无有间隔。无内外可指,无动静可分,上下四方,往古来今,浑成一片,所谓无在而无不在。吾之一身乃发其窍,固非形质所能限也。①

蒋信

至道林寺静坐,……一日忽觉洞然,宇宙浑属一身,乃信明道廓然大公,无内外是如此,自身与万物平等看如此,……②

自汉代佛教传入中国之后,儒、道、释逐渐相融,中国气功与印度瑜伽(佛教禅定)也逐渐融合,两种修行方式的差别被逐渐忽略。

在所有人为激发的方式中,印度瑜伽和中国气功是最容易发生"引发型巅峰体验"的两种方式,对世界文明贡献卓越的释迦牟尼的"涅槃"思想和老子的"道"思想,就是这两种方式的产物。

印度瑜伽和中国气功奠定了东方神秘主义形而上学的基础。

---

① 《明儒学案·江右王门学案》。
② 《明儒学案·楚中王门学案》。

三、基督教（含犹太教）的祈祷与冥想

祈祷与冥想是基督教（含犹太教）最常规的灵修行为。

詹姆斯将祈祷和冥想统而论之，他给予祈祷和冥想以极高评价，认为祈祷和沉思是神秘主义神学体系的根据，"广义的祈祷是宗教的灵魂和精髓"。① 对于基督徒来说，祈祷是极其庄严、极其虔敬的事情，是自己与神圣的上帝之间的单独对话，一如中世纪的一位神甫所说："我到你面前时，愿诸学人缄口，愿所有受造之物都默然无声。唯求你单独对我说话。"② 祈祷是教徒的一种完全个人化的行为，而在詹姆斯看来，教徒的个人化体验、个人化领悟和个人化诉求，是宗教得以建立以及建立之后仍然能够保有源源活力的根本所在。

学贯东西的斯里兰卡佛教法师德宝指出了基督教（含犹太教）的祈祷和冥想与佛教禅修的共同点，即两者都可以控制意识，进入平静的身心状态。他说："在犹太教和基督教的传统内，我们发现被称为'祈祷'与'冥想'的两种共通的修法。祈祷是直接针对圣灵，冥想则是持续一段时间对某一特定主题的一种有意识的思维，那个主题通常是宗教理念或经文段落。从修心的角度而言，这两者都属于禅定的练习。思维的洪流在此受到限制，

---

① （美）威廉·詹姆斯：《宗教经验种种》，尚新建译，华夏出版社，2008年，337页。

② 中国基督教三自爱国运动委员会、中国基督教协会：《中世纪灵修文学选集》，中国基督教两会出版部，2008年，152页。

心被有意识地控制。它们的效果和一般禅定的修法一样：感到深沉的平静，生理上的新陈代谢慢下来，并且生起一股祥和与幸福的感觉。"①

不过根据相关案例统计来看，基督教（含犹太教）祈祷所引发巅峰体验的概率，明显低于印度瑜伽和中国气功。

究其原因，从德宝法师指出的引发型巅峰体验所具有的身心平静的角度来看，佛教（含印度瑜伽和中国气功）与基督教（含犹太教）是完全不同的。佛教的身心平静，体现为引发型巅峰体验发生之前的专注静坐、凝神去虑，是引发型巅峰体验发生的前提。而基督教（含犹太教）祈祷没有佛教的在巅峰体验之前的那番凝神去虑的功夫，祈祷自其一开始就是一个紧张紧凑的回忆、想象、思辨和申述的意识活动；祈祷者的身心平静，是在祈祷之后，或在巅峰体验（如果可能发生的话）结束之后获得的，是祈祷者心灵得以安顿之后的平静。也就是说，对于基督徒的祈祷来说，身心平静不是巅峰体验发生的前因，而是巅峰体验发生的后果。从巅峰体验的案例来看，只有身心平静状态处于引发型巅峰体验发生之前，才有较高的发生概率。

此外，基督教（含犹太教）祈祷者通常在祈祷中非常看重上帝形象的显现，基督教（含犹太教）很早就把神秘体验定义为经历者与上帝的遭遇与合一，这种传统使得祈祷者在祈祷中几乎无

---

① （斯里兰卡）德宝法师：《观呼吸：平静的第一课》，赖隆彦译，海南出版社，2009年，47页。

第六章　巅峰体验的种种人为获得方式：激发潜意识

不强烈渴望目睹上帝尊容，于是在相关案例中多见这类在祈祷中看到了上帝的报告，有的还有更为丰富的故事情节，比如在自己想象的危难中获得了上帝的亲自救助，比如许多女教徒说她们得到了上帝或上帝之子的深情拥抱等。我们知道，巅峰体验的特征就是不可能获得任何清晰的形象，更遑论生动的故事情节。

总之，阅读基督教（含犹太教）的相关案例报告，给人印象鲜明的是，祈祷者自祈祷开始之时，意识中就会有各种意象纷至沓来，需要祈祷者不断地选择和选定，并且自言自语，祈祷是祈祷者想象与思辨的缤纷展开。因而，基督教（含犹太教）的祈祷以及冥想，实际上很少是巅峰体验，大多是具有浓郁神秘主义色彩的如梦体验。

基督教祈祷与冥想的如梦体验的最杰出代表，无疑是被称为"圣徒"的古罗马神学家奥古斯丁。

如第五章所述，奥古斯丁既深受神秘主义巅峰体验之说的影响，又深受古希腊柏拉图哲学的影响，既具有强烈的形而上思辨冲动，又有着对世俗自我的深刻批判，他的祈祷与冥想所体现的感悟，是基督教文化中"由深切的个人体验所主导的新传统的开端"。[1]

摘录他的《忏悔录》中的几则祈祷，这些祈祷可谓是基督徒祈祷文的典范。

---

[1] （英）安德鲁·洛思：《神学的灵泉：基督教神秘主义传统的起源》，孙毅、游冠辉译，中国致公出版社，2001年，249页。

我的天主，你究竟是什么？……至高、至美、至能、无所不能、至仁、至义、至隐、无往而不在、至美、至坚、至定、但又无从执持，不变化而变化一切，无新无故而更新一切；……行而不止，晏然常寂，总持万机，而一无所需；负荷一切，充裕一切，维护一切，创造一切，养育一切，改变一切；虽万物皆备，而仍不弃置。你爱而不偏，嫉而不愤，悔而不怨，蕴怒而仍安；……我的天主，我的生命，我神圣的甘饴，谈到你，一个人能说什么呢？[①]

　　我的主，天主，请因你的仁慈告诉我，你和我有什么关系，请告诉我的灵魂说："我是你的救援。"请你说，让我听到。我的心倾听着，请你启我心灵的双耳，请你对我的灵魂说："我是你的救援。"我要跟着这声音奔驰，我要抓住你。[②]

　　主，请你俯听我的祈祷，不要听凭我的灵魂受不住你的约束而堕落，也不要听凭我倦于歌颂你救我于迷途的慈力，请使我感受到你的甘饴胜过我沉醉于种种佚乐时所感受的况味，使我坚决爱你，全心全意握住你的手，

[①] （古罗马）奥古斯丁：《忏悔录》，周士良译，商务印书馆，1963年，5—6页。
[②] 同上书，6页。

第六章 巅峰体验的种种人为获得方式：激发潜意识

使我有生之年从一切诱惑中获得挽救。①

主啊，求你垂怜这可怜的我，我的罪恶的忧苦和良好的喜乐正在交绥，我不知道胜负属谁。②

主，天主，请你赐给我们和平——既然你把一切赐与我们——憩息的和平，安息日的和平，没有黄昏的和平。③

祈祷在西方是一种普遍的社会现象，祈祷产生了浩如瀚海般的如梦体验，这是祈祷的特点，也是祈祷的长处。这些如梦体验中充盈着大量高品质的想象、抒情、推理，这些关系到对世界本质和人类命运认识的高品质的如梦体验，极为真诚，极为善良，极为美好，极为高蹈，极为细腻，极为深刻，极为纯净，它们为提升西方民众的人格素养和推动西方社会的发展起到了非凡的积极作用。

祈祷虽然引发巅峰体验的概率较低，但它所产生的浩如瀚海般的高品质的如梦体验，以及这些高品质的如梦体验对世界文明进步的巨大影响，令人叹为观止！

---

① （古罗马）奥古斯丁：《忏悔录》，周士良译，商务印书馆，1963年，18页。
② 同上书，210页。
③ 同上书，324页。

四、持续诵念

长时间持续地诵念最高存在者的尊名，是又一种被认为可以达至神秘的巅峰体验的修行方式。

这样的持续诵念往往使得诵念者精神恍惚，甚至神志昏迷不省人事，而这样的状态正是修行者所欲求达到的状态。"它被认为是达到功修者所企求的那种狂喜、陶醉、出神状态的一种重要手段。在他们看来，只有达到这种状态，才得以实现人主之间的交通和合一。"[1]

佛教的净土宗也是以持续诵念为根本的修行方式。净土宗信仰的原始依据是，只要连续七个昼夜一心念佛，那么修行者在临终之时将会被接引往生于西方极乐世界。[2] 王慕龄博士对净土宗的修行方式作了较为深入的阐说："这里说的念佛主要是指持颂如来名号，可以断除烦恼，得到身心的欢愉和喜乐，从而进入涅槃解脱。念佛人忆念佛的名号，由于佛力的加持，不仅可以不起贪嗔痴三毒，且还能对佛的教法、佛的相好，起随喜心、心生欢喜、身轻安、心轻安、进入定境，这些都是修禅定的一些感受。念佛可以进入这些禅定状态，所以以佛为观想内容的禅定就是念佛三昧，由念佛三昧可以显发智慧，入于正法，直至涅槃。"[3] 净土宗的持

---

[1] 金宜久：《伊斯兰教的苏菲神秘主义》，中国社会科学出版社，1995年，92页。
[2] 《阿弥陀佛经》。
[3] 王慕龄：《印度瑜伽经与佛教》，宗教文化出版社，2012年，142页。

续诵念具有良性的心理调整暗示作用，如修习净土宗的欧洲信徒说，虽然诵念阿弥陀佛时的声音对于讲英语的人来说并无意义，但在诵念了 100 天之后，修习者会心情大好，会将生活中出现的一切美好事物都归因于那种虔诚的诵唱。①

五、使用致幻品

自远古时期开始，许多民族的巫师、祭司之类的神职人员就采取服用某些具有致幻作用的植物汁液使自己进入精神迷狂的状态，以实现所谓的与神灵的沟通。这种情形被一些宗教灵修所采纳，如作为瑜伽圣经的《瑜伽经》说："成就可以通过出生、药草、咒文、苦行或三摩地获得。"② 佛教典籍中也有相同的表述，如"神境智类总有五种：一修得，二生得，三咒成，四药成，五业成"③。这其中的"药草""药成"就是指使用致幻植物汁液达到神秘的巅峰体验状态。

致幻品可以使服用者精神迷狂乃至癫狂，会使服用者产生某些超越性的博大思维，如产生万物归一的形而上的一元论感悟。④

---

① （英）玛丽·乔·梅多、理查德·德·卡霍：《宗教心理学——个人生活中的宗教》，陈麟书等译，四川人民出版社，1990 年，152 页。
② 《瑜伽经》4:1。
③ 《俱舍论》。
④ （美）威廉·詹姆斯：《宗教经验种种》，尚新建译，华夏出版社，2008 年，278—281 页。

这种感悟往往伴生极度虚妄的自大感，如古印度文献《梨俱吠陀》中记录了一则服用致幻剂"苏摩"之后的感觉："我喝了苏摩，我变成了不死之人。/……我洋洋自得，越过天空、大地，/ 因为我喝了苏摩。/ 我提起了大地，把它任意安放，/ 因为我喝了苏摩。"[1]

当詹姆斯1902年出版《宗教经验种种》时，人们对致幻品的负面作用尚不太了解，所以书中多有对致幻品可以导致形而上一元论意识的欣赏之词。1960年代初期情形依然如此，马斯洛和他的心理学同事们相信，可以在医生的监督之下通过审慎地使用致幻药物来激发高峰体验以治疗某些心理性疾病。但当1960年代后期，各种人工合成的致幻作用更强且更具成瘾性的致幻品出现、服用致幻品成为严重的社会问题时，马斯洛改变了他的观点，他承认他早期的认识不足，"现在，他非常担忧，甚至是警惕那种以精神的名义寻求异常感觉的普遍现象"。[2] 马斯洛后来明确地反对使用致幻品。

致幻品尤其是现代人工合成的致幻品，已被直接称为"毒品"，这些毒品可以严重摧毁人的神经系统和免疫功能，导致服用者精神委顿，身体羸弱，甚至直接导致死亡。非常可怕的是，一

---

[1] （英）杰弗里·帕林德尔：《世界宗教中的神秘主义》，苏晓炜、徐钧尧译，今日中国出版社，1992年，207页。

[2] （美）爱德华·霍夫曼：《做人的权力——马斯洛传》，许金声译，改革出版社，1998年，366页。

第六章 巅峰体验的种种人为获得方式：激发潜意识

且染毒几乎无法摆脱毒瘾，甚至可能耗尽家财，终生挣扎于苦海之中。吸食毒品被定性为犯罪行为，是人不应触碰的底线。

即便是以"精神的名义"，即便是试图获取巅峰体验，也绝不应该尝试这种方式。原因如下。1. 致幻品产生的那种所谓的神秘体验与巅峰体验是不同的。致幻品的体验没有巅峰体验所特有的两个境界，致幻品体验充满了杂乱、夸张、荒诞但是清晰，甚至超常清晰的物象。致幻品所获得的体验与巅峰体验虽然在某些方面具有相似性，但相似不是相同，两者在根本上是两回事。2. 致幻品产生的所谓形而上的感悟是靠不住的。詹姆斯在当初欣赏致幻品可以引发形而上感悟的同时，就明确指出了这种感悟的不可靠性。詹姆斯说："吸进这种气（注：某种可致幻的气体）的人，似乎觉得有无限深远的真理披露给他。可是，这个真理在醒来的刹那间湮灭了、跑掉了。假如还留有似乎包裹这个真理的言词，那么，这些言词实际上毫无意义。"[①] 我曾读到过这样一个案例：一个服用者每次服用致幻品后都感到极度兴奋，感到从中获得了对世界本质的最高认识，但每次服用后都很快昏迷，醒来后完全想不起来他所领悟到的最高真理是什么。一次，他在昏迷之前费力坚持记下了他的领悟，醒来之后，他看到记在纸上的文字是："空气中有一股煤气的味道！"致幻品服用者所获得的感受是靠不住的，包括他所获得的自以为是的所谓形而上的感受同样是靠不

[①]（美）威廉·詹姆斯：《宗教经验种种》，尚新建译，华夏出版社，2008年，278页。

住的。

希冀获得巅峰体验是目的、是为了让自己的人生更为美好，但是如果采取了错误的人为方式，即吸食毒品的方式，会适得其反，将会堕入痛苦的人生绝境。

不过，拒绝致幻品不等于拒绝对致幻机理的学术性研究，相反，这种研究对于探究神秘体验乃至巅峰体验的发生是很有意义的。英国著名学者、作家阿道司·赫胥黎（Aldous Huxley，1894—1963）就曾做过如下探究：

> 七成氧气与三成二氧化碳的混合物（完全无毒）若被吸入，将使人发生某种生理、心理的变化，对此，麦度纳（注：匈牙利精神病学家）有过穷形尽相的描写。……在那短暂的时间里，他愉快地享受着幻象经验——这些幻象与他私人的历史和全体人类的困扰完全无关。

> 根据这些现象，我们将很容易理解瑜伽中吐纳训练的原理。经过一段时间系统的锻炼之后，瑜伽练习者能延长闭气的时间，这使得肺部和血液里的二氧化碳达到很高的浓度，于是降低了大脑作为减压阀的效果，允许"在那儿"的幻象经验或神秘经验进入人的意识之中。

> 长时间持续地呐喊或唱歌，或许能造成相似的结果，

第六章　巅峰体验的种种人为获得方式：激发潜意识

虽然没有那么明显。……他们的肺泡和血液中的二氧化碳浓度增加，大脑作为减压阀的效果因而降低，于是幻象经验就有可能发生。这就是为何在魔术、宗教中存在冗长的"无聊重复"。巫医、萨满念咒，基督徒和佛教徒连续地颂诗、唱经，宗教复兴运动者们一小时一小时地呐喊与尖叫，……这一点，虽然那些呐喊者、歌者、喃喃自语者自然并不知晓，但却一直是所有魔咒、颂祷、连祷、赞美诗、念经的真实目的和要旨。①

除了肺泡和血液中二氧化碳浓度的致幻作用之外，赫胥黎还分析了肾上腺素分泌的致幻作用、体表创伤发炎和维生素缺乏可以导致的神经致幻作用等。赫胥黎指出："帕斯卡曾如此说道：'心自有其理性。'而肺部、血液、酶系统，以及神经细胞、神经键的理性则更加强大，也更难索解。要抵达超意识，需通过潜意识；而抵达潜意识的方法，或至少其中的一种方法，乃是通过个体细胞的化学作用。"②赫胥黎注意到人体循环系统中的化学变化所产生的致幻作用，对研究人类的神秘体验乃至巅峰体验现象无疑具有启发意义。

---

① （英）阿道司·赫胥黎：《知觉之门》，庄蝶庵译，北京时代华文书局，2017年，167—169页。
② 同上书，169页。

第七章
巅峰体验的生成机制：记忆闪回与清零、意识重建与顿悟

在这一章中，将探讨神秘主义的形而上瞬间顿悟的巅峰体验的核心奥秘，即探讨巅峰体验的生理－心理生成机制，探讨神秘的巅峰体验是何以生成的。

通过前面章节，我们知道了巅峰体验的发生过程，知道了"自发型巅峰体验"与"引发型巅峰体验"的异同，知道了历史上人们对于巅峰体验的认知和为了人为获得这种体验而做出的种种尝试等，这些都是破解巅峰体验之谜必要的前提性知识。

在此，还需再明确几个与破解巅峰体验之谜密切相关的前提性知识。

首先一点是我们应当知道，巅峰体验的发生源于人的自身，源于人的身体，是人的一种生理－心理现象，而不是外在于人的

神迹。自古以来，人类就对自身思维所产生的恢弘博大的形而上思想敬畏不已，认为那样伟大深邃的思辨只可能来自世界的最高存在者或终极实在。远者不计，晚至17世纪的法国哲学家笛卡尔（R. Descartes，1596—1650）的"我思故上帝在"的论断，就是这种外在论的典型代表。笛卡尔推论说，我和所有普通人一样，我自己不可能产生那么伟大深邃的思想，但是那么伟大深邃的思想却在我的思辨中出现了，因而那只能是万能的上帝植入我的脑中的，那是上帝存在的证明。从人类早期历史来看，东方思想相对重视人的自身因素，西方思想则强调外在权威。但西方思想对神秘体验发生原因的认知逐渐向着肯定人的自身的方向发展。先是18世纪以来东方天人合一思想对德国本体论哲学家们的影响，然后是19世纪以来西方传统本体论哲学在经验论哲学的批判中崩溃，人本主义哲学成为主流意识，20世纪法国哲学家莫里斯·梅洛-庞蒂（Maurice Merleau-Ponty，1908—1961）更是提出了"身体哲学"的概念，认为人就是人的身体，身体就是主体，人的身体是人的一切意识现象的感触点和发源地。前一章提到的福柯，就声称他的SM尝试就是受庞蒂"身体哲学"的启迪，是对"身体哲学"的一种创新性实践。马斯洛对神秘体验与人自身相关也深信不疑，他说："从有潜能的意义上，人是宇宙中最令人惊异的现象，是最具创造性、最精巧的生物。多少年以来，哲学家们一直在寻求真、善、美，论述它们的力量。现在我们知道，寻求它们的最佳地方就在人们自己身上。"① 还应该特别指出的是，20世纪以来，西方潜意识理论、精神心理学、神经生理学等学科的飞速发展，为深入认知巅峰体验这一意识现象提供了有效的技术手段。相信巅峰体验源于人的自身，具体说来源于人的潜意识，源于潜意识中被唤醒的记忆，是自詹姆斯以来现代学术界的共识。

然后我们需要了解有关潜意识以及有关记忆的知识。潜意识是指人的意识中未被察觉的部分，其中包括先天性的基因记忆和后天性的感知记忆两大类。先天的基因记忆又称为人的本能，其包括人对食的欲求、对性的欲求和对趋生避死的安全性的欲求等，这些本能是人类作为生物在极其漫长的进化过程中沉淀积累下来的，是已然刻入人类基因之中的记忆。基因记忆对于人类个体来说是先天的，是人所共有且与生俱来的，是一种先验性的记忆。后天的感知记忆又称印象记忆，是指一个人出生之后对所经历事情的感知印象所产生的记忆，就每个个体来说是一种经验性的记忆。后天记忆不如先天本能那样强大深刻，先天本能不管你有没有意识到它，它都自然而然地发挥着指导性作用，是人的行为的潜在动机，而后天的记忆则不是这样，如果你没有意识到它，忘了它，它也就被忘了，虽然被忘记了不等于就完全消失了，但它却不再会对你起什么作用了，除非它在某个时刻被突然激活重新呈现。

---

① （美）爱德华·霍夫曼：《做人的权力——马斯洛传》，许金声译，改革出版社，1998年，184—185页。

本能记忆是刻入人类基因的先天记忆，不存在被删除的问题，是与生俱来永不丢失的记忆，那么人的后天记忆是怎样的状况，会被删除和丢失吗？我们可以用一个实验来看人的后天感知记忆的状况：请你快速观看100张不同画面的图片，看完之后当即问你记住了其中多少张图片，你可能记住了其中70%—80%的图片；三天之后再让你回忆还记得多少张图片，你可能只记得40%—50%了；三个月后再问同样的问题时，你或许还能记住10—20%；如果三年之后、三十年之后再问你这个问题时，你若能零星记得其中若干张就很不错了。人的后天感知记忆就是这样，大量经历过的事情随着时间的推移而被遗忘了。现代神经学研究表明，这种遗忘是人的神经系统的一种自我保护行为，因为人每天通过感官获得的各种各样的信息极为繁杂，如果不是只提取保留少量必要的信息并同时遗忘大量不必要的信息，那么人的神经系统就会不堪重负而崩溃。有的科学家甚至认为，人的神经系统的主要功能不是保留信息，而是梳理删除信息。然而，这些被删除的信息是否真的就被完全删除了呢？现代神经学研究表明，被删除的即被遗忘的信息实际上并没有被真正删除，所有的信息一旦被感知就永久地留痕于人的神经元之中，那些被删除的信息只是被暂时遗忘，暂时搁置，但不会丢失，随时有可能被突然激活而重新呈现，比如你曾看到过但早已忘却的某张图片，可能在某个时刻突然不经意地在记忆中闪现。人的大脑中的神经元多达1000亿个，如此天文数字般的神经元足以刻录保留一个人一生中所有的感官信息，即所有的印象记忆。现代神经学研究还发现，大脑神经元的活动是无休止的。神经元在人清醒时的活动表现为对信息亦即记忆的编码、存储、分析，并及时做出对外界刺激的相应反应。神经元在人睡眠以及停止对外界信息的感受之后也仍然自动活动，仍然相互连通、交流并组合信息，形成信息即记忆的"二级映射"。大脑神经元的这种无休止的自动活动，既可以是指向明确的记忆组合，也可以是随机任意的记忆触发，既可以调动人的即时记忆和近期记忆，也可能激活人的早已遗忘的久远记忆，这是人在睡眠中做梦的原因，又是人在恍惚时突然无由地想起某件往事的原因，以及突然对陌生的某地某事产生似曾相识感觉的原因；对于本书主题来说特别重要的是，这也是巅峰体验突然发生的原因。

　　人类的一切意识活动都是建立在记忆之上的，都是即时记忆和历时记忆的储存、提取和采用，一般的意识活动是这样，高端的意识活动也是这样，如德国哲学家尼采说过，哲学家的思维与其说是一种发现，不如说是回忆，是一种重新认识。尼采是坚决反对古希腊哲学家苏格拉底和柏拉图的形而上学的先验回忆论的，但即便如此，尼采还是认为真正的哲学思维最终就是想起和回忆。[①] 一些神秘主义神学家也持同样观点，如中世纪的意大利波纳文图拉主教就曾说道："我们无法领悟任何不出现于我们记忆中

---

① 基尔西霍夫：《尼采的认识论研究》，刘小枫选编：《尼采在西方》（重订本），汤镇东、孙希国、马志云译，华东师范大学出版社，2014年，178页。

的东西，由此，不是用肉眼，而是用理性的眼睛……在神秘中看见上帝。"①

我们接着需要了解的是，造成巅峰体验的潜意识记忆是哪一种记忆，是先天的本能记忆还是后天的经验记忆。

我们先来看巅峰体验是否可能源于先天的本能记忆。许多神秘主义者和早期哲学家都认为神秘的巅峰体验源于人的先天本能记忆。其中影响最大的是古希腊哲学家苏格拉底和柏拉图的先验回忆论，他们认为每个人的灵魂都曾在前世接近过至善理念，知晓至善理念，因而人对最高存在者的认知就在于对前世记忆的回忆。老子也倾向于认为对最高存在者的领悟是一种先天本能，在他看来，人越是接近于婴儿的状态，就越是接近于道的本然状态。现代先天论中，最有分量的观点来自奥地利心理学家弗洛伊德（Sigmund Freud，1856—1939），在弗洛伊德看来，神秘体验尽管其内涵给人以博大深邃的感觉，但实际上是人的意识的一种"退化"，他将这种意识状态与人在子宫中的原始意识联系在一起。② 弗洛伊德的意思可以理解为巅峰体验现象是人出生之前就具备的一种先验本能的意识状态。

然而巅峰体验的表现形态不支持这种先验记忆论。如巅峰体验的经历者会在意识中看到一个朦胧模糊的境界，其中恍惚可见

---

① （意）圣·波纳文图拉：《中世纪的心灵之旅——波纳文图拉神哲学著作选》，溥林译，华夏出版社，2003年，135页。
② 王六二：《近现代神秘主义研究状况》，《世界宗教研究》，2001年，3期。

第七章 巅峰体验的生成机制：记忆闪回与清零、意识重建与顿悟

许多无法辨识的物体，这表明在巅峰体验的视觉感受中是有物存在、有物可见的。但是本能记忆则是没有物象图形的。人类对食、性以及趋生避死的本能欲求是人类在漫长的进化过程中积淀的生物性基因记忆，其作用于人的基因层次，本能地驱动着人的所欲，其存在和运作没有物象图形，是一种无形的强力冲动。有物象图形出现的欲求，必是后天印象记忆的呈现。比如你欲求异性，是本能的作用，但若你欲求时意识中呈现出某个早年的同学、某次舞会的舞伴、某次邂逅而产生好感的人等具体异性的形象，就都属于后天记忆的作用。更不支持先验论记忆的，是本能的基因记忆不可能产生形而上的冲动。本能记忆所产生的食色欲求以及求生欲求等，既是人类作为动物的最强烈欲求，也是人类作为动物的最低层次的欲求，这些欲求都是以自我为中心的欲求，天然地具有强烈的自私性、排他性特点，是遵循"丛林规则"的，与巅峰体验所产生的利他性的博爱精神完全抵牾。本能记忆所欲求的都是为了适应个体生存的形而下欲求，不可能形成意欲探知最高存在者或终极实在，尤其是意欲探知世界本质和人生意义的形而上欲求。

在需要了解的前提性知识中，我认为最重要的是需要了解人类婴儿在六个月之前的感知记忆的情形，这是所有前提性知识中最直接相关的知识。

我们来看人类婴儿时期在六个月之前的感知记忆情形。

胎儿即有简单的感知记忆能力，表现为对母亲的声音和出生

前几周所反复听到的音乐有记忆,当听到这些声音时表现得更为安静。新生儿在听到母亲声音时心率减缓,表明小宝宝在子宫里对声音的记忆可以延续到出生之后。除了听觉,嗅觉是新生儿记忆的主要形式,新生儿凭借体味可以区别母亲与其他女性,并可通过气味找到吮吸的乳房奶头。由于与本节主题最为关联的是婴儿的视觉感知记忆,因而我们重点来看婴儿的视觉感知记忆能力。眼睛是人的五官之首,视觉所接受的信息占人的全部感官接受信息总量的 80% 以上,但对幼婴而言,视力在各种感官能力中却是最低的,也是在各种感觉中成熟最晚的。新生儿初生时两眼不协调,两三周后两眼不协调的现象消失,开始对物体有集中的视力反应,但还不能长久地把视线集中在一个物体上,两个月左右的婴儿有了明显的视力集中活动,能够追视水平移动的物体,三个月后能够追视圆周运动的物体,五六个月起婴儿能够注视远距离的物体,以后视觉能力快速发展。婴儿视觉集中的距离和关注时间为:新生儿的最佳注视距离为 15—20 厘米,喂乳时母子脸庞正好处于这一最佳注视距离,三至五周的婴儿能对距离 1—1.5 米的物体注视 5 秒钟,三个月的婴儿能对距离 4—7 米的物体注视 7—10 分钟,五六个月的婴儿能够较长时间注视相当远的物体了。婴儿记忆的保持时间大致为:两个月的婴儿记忆能够延续 24 个小时,三个月的婴儿记忆可保持 7 天,六个月的婴儿可保持 15 天,18 个月的婴儿可保持 13 周。不过这里所说的"记忆",是指"再认",这是一种最简单的记忆形式,是指当看到熟悉的物体时可以认出来，而非真正意义的回忆，即并非感知过的事物并没有出现而是在意识中呈现出来。总的来说，新生儿的视力仅相当于成年人的 20/600，六个月左右的婴儿大约是成年人的 20/100，12 个月时婴儿的视力就和成年人一样了。这里涉及一个直接关联本节主题的问题：婴儿看到了什么？或者说，外界的事物在婴儿的视觉中呈现为什么样的情形？目前的相关研究对此尚无法判断，但是在研究中发现了一个确定的事实，这就是当婴儿六个月的时候，可以从多人的合影照片中认出自己的母亲。这是一个非常重要的发现，这个发现表明，对于婴儿的视觉感知记忆来说，六个月是一个关键的分界点，在此之前婴儿所看到的事物是不可辨识的（连自己的母亲也不能辨识），在此之后才有了可以辨识事物的可能性（从自己的母亲开始），这里的关键点是六个月之前的婴儿视觉认感知忆中的物体是无可辨识的。[1]

我之所以提出幼婴的"六个月之前"这一时间节点，除了记忆中的物体不能辨识之外，另一个重要原因是唯有六个月之前的幼婴没有任何负面的心理阴影，而在六个月之后，幼婴开始出现恐惧感，这些恐惧感是先验的基因记忆在幼婴六个月之后开始浮现出来的。主要是两种恐惧感：对从高处跌落的恐惧和对陌生成

---

[1] 以上婴儿认知与记忆的基础资料参见（美）诺伯特·赫谢夸威茨等：《美好生活的开始——了解宝宝的大脑和行为》，科学普及出版社，2008 年；王丹主编：《婴幼儿心理学》，西南师范大学出版社，2016 年；王明晖主编：《0—3 岁婴幼儿认知发展与教育》，复旦大学出版社，2016 年；周念丽主编：《0—3 岁儿童心理发展》，复旦大学出版社，2017 年版的相关章节。

年男性的恐惧。我们来看这两种恐惧。1. 对从高处跌落的恐惧。心理学家和人类学家认为，对从高处跌落的恐惧是人类的一种本能性的恐惧，从高处跌落的噩梦在人的噩梦中占有相当高的比例；这种恐惧是人类尚为猴类和猿类树栖生活时害怕从树上跌落的心理遗存，是一种刻入了人类基因的记忆。六个月之前的幼婴没有恐高现象，而六个月之后的幼婴则开始恐高。这是通过"视崖反应"实验发现的。"视崖反应"就是将幼婴爬行的地面画成两部分，前部分看上去是平地，后部分看上去是悬崖，六个月前的幼婴可以不停顿地从前部分爬过后部分，而六个月后的幼婴则会在两个部分的结合处停住不再向前爬行，这表明六个月后的幼婴有了对从高处跌落的恐惧了。2. 对陌生成年男性的恐惧。心理学家和人类学家认为，对陌生成年男性的恐惧也是一种刻入了人类基因的本能性恐惧，源于动物阶段雄性动物杀死非其交配所生的幼小动物的习性，目的在于让雌性动物提前结束哺乳期而与其交配。这种先验的基因记忆也在幼婴六个月之后开始浮现。六个月前的幼婴看见陌生人表示友好的面孔时会发出微笑，但是六个月之后的幼婴看见陌生人时，尤其是看见陌生成年男性时，则可能出现恐惧的表情。马斯洛说过："高峰体验的一个方面是完全没有畏惧、焦虑、压抑、防御和控制……"[1]而人类能够天然无暇地达到这种完全没有任何负面心理状态的，唯有六个月前的幼婴。

---

[1] （美）马斯洛：《存在心理学探索》，李文湉译，云南人民出版社，1987年，86页。

第七章　巅峰体验的生成机制：记忆闪回与清零、意识重建与顿悟

确认巅峰体验源于人类幼婴期的感知记忆，这一事实解决了一个重要困惑。一般说来，如果说巅峰体验源于人的后天感知记忆，那么巅峰体验的表现形态应该是千差万别的，应该由于不同的历史时期、不同的地域、不同的民族，甚至不同的家庭而千差万别，但事实上巅峰体验却表现出高度的相似性，这种跨历史时期、跨地域和跨民族的高度相似性，是先天记忆论的一个极具分量的论据，先天论据此认定巅峰体验是一种先验现象。然而，当用人类幼婴感知记忆作为判断依据时，尤其是以幼婴六个月之前的感知记忆作为判断依据时，这一矛盾也就迎刃而解了。因为人类认知记忆的差异，是由于不同的文化传统即不同的生存环境及应对方式、不同的风俗习惯、不同的思想观念而产生和拉大的，但在人类的婴幼期，人们的哺育方式基本相同，幼婴的生长发育也基本相同，即便有所差异，也不足以影响幼婴感知记忆的差异。人类幼婴期尤其是六个月之前幼婴的印象记忆，具有高度的相似性，是跨历史、跨地域、跨文化传统的。

在了解了以上知识之后，尤其是了解了人类六个月之前幼婴的感知记忆情形之后，我们可以开始分析巅峰体验的生理-心理机制，可以探讨巅峰体验的核心奥秘了。

从巅峰体验的生理-心理机制来看，巅峰体验的核心奥秘在于两点：其一，经历者的幼婴期记忆闪现与记忆清零；其二，经历者的意识重建与顿悟。

分论如下。

一、经历者的幼婴期记忆闪回与记忆清零

如前几章所述，在巅峰体验的前过程中有两个关键环节，一是经历者的意识中出现一个朦胧模糊的境界，二是经历者的意识随后突然消失。这两个环节实质上体现了巅峰体验的两种生理－心理现象：1.经历者的六个月之前幼婴期的印象记忆突然闪现；2.经历者的全部记忆被彻底清零。

1.经历者的六个月之前幼婴期的印象记忆突然闪回

我们回顾一下第一个环节。巅峰体验经历者的意识中出现一个朦胧模糊的境界，可以看到其中有活动的物体，但是这些物体影影绰绰，恍恍惚惚，无法识别，不知道它们是些什么。这一境界在突然呈现之后便迅即湮灭。

为什么会出现这一现象？历来无法解释，当我们用六个月之前幼婴的感知记忆来比对认识这一现象时，原因也就清楚了。巅峰体验经历者意识中出现的这个朦胧模糊的境界，正是六个月之前幼婴视觉感知的周围环境。六个月之前的幼婴对周围环境的视觉感知就是这样的：感觉到有物体（如母亲、探望的人、摇晃的玩具）存在并活动，但是不会辨识和不能辨识这些物体。也就是说，巅峰体验经历者此时遭遇的朦胧模糊的境界，是自己六个月之前的幼婴期印象记忆的突然闪回。而且，当作为成年人的巅峰体验经历者在这一视觉记忆突然闪回之时，那一记忆中的朦胧模糊的境界依然保持幼婴期的记忆原状，依然是无法辨识和无法言

说的。

然而，这一现象与儿童心理学研究中一个迄今无法解释的经典困惑相冲突，这就是人不可能回忆起自己两周岁之前的事情。倘若有谁说自己想起了两周岁之前的事情，那肯定是他想象的，或者是他曾经听别人说过然后当成了自己的记忆。人类两周岁之前的记忆是无法重现的。巅峰体验的神奇性，就在于经历者的神经元联结发生了一次奇迹，突然之间突破了两周岁之前儿童记忆无法企及的屏障，让经历者的六个月之前的幼婴期记忆突然闪回，于是经历者的意识中出现了朦胧模糊境界的刹那呈现。这一现象极为罕见，正因为这一现象极为罕见，所以巅峰体验的发生极为罕见。

2.经历者的全部记忆被彻底清零

我们再来回顾第二个环节。在经历者意识中的朦胧模糊境界湮灭之后，经历者的全部意识突然消失。

我的理解是，这一意识突然消失的现象，是经历者神经系统的一次瞬间突发的对自身记忆的强力清除，让经历者的记忆重新回到两周岁之前记忆空白的状态。在这一瞬之间，经历者除了刚刚经历的朦胧模糊境界之外的其他所有记忆都被清除，经历者的记忆归零。我还猜想，经历者刚刚经历的那一朦胧模糊境界的记忆实际上也在被清除之列，只是由于类同"视觉留存"原理的作用，即由于间隔时间太短而得以在经历者的视觉中留存。这一意识彻底清零的现象，应该与人类两周岁之前的记忆无法保留的生理机制相关,是两周岁之前的记忆突然闪现之后又被彻底清除。

需要指出的是,这里所说的经历者的记忆被清除,不仅是幼婴期的记忆闪回之后又被清除,而是经历者的全部记忆,包括童年之后直至成年期的记忆都被彻底清零,此时的经历者处于意识零点的状态之中。

二、经历者意识重建与瞬间顿悟

在经历者的幼婴记忆闪回和记忆彻底清零之后,接着发生的是经历者意识的恢复重建和瞬间顿悟。

经历者意识的恢复重建和瞬间顿悟,是经历者在所有的记忆被彻底清零之后,在意识零点的基础上,重新开始建构自己从幼婴期感觉到成人化意识的过程。

这一过程体现为渐次而快速递进的三种状态,即意识零点状态、儿童化意识状态、成人化意识状态。

1. 首先是意识零点状态,即经历者的所有记忆被彻底清除的状态。在这一状态中,经历者没有任何记忆,仅仅只有视网膜留存的朦胧模糊境界的印象。当经历者的意识恢复之后,当意识中的万物逐渐清晰显现之后,留存印象的对比会让经历者产生"万物并作"[1]"天下万物生于有,有生于无"[2]的感受,产生世界万物

---

[1] 《老子》十六章。
[2] 《老子》四十章。

从无到有凭空出现的感受，即产生世界诞生的强烈感受。

2.然后进入儿童化意识状态。在这一状态中，经历者没有自我意识，意识中所感受到的世界是一个物我不分、万物同一的清新而美丽的世界，这个世界万物融洽、万物友善、万物无差别地和谐共存，其中完全没有"我"的意识。这样的"无我"意识状态是典型的儿童化意识状态，这样的儿童化意识会让经历者产生世界美好的强烈感受。

这里需要进一步分析巅峰体验中所产生的这种"无我"现象。

巅峰体验中的一个非常重要的神秘现象，就是经历者会产生"无我"的感觉，完全丧失了自我感。如庄子说："大同而无己。"[1]如马斯洛说："……高峰体验中，知觉可能是相对超越自我的、忘我的、无我的。它可能是无目的的、非个人的、无欲求的、无自我的、无需要的、超然的。它可能是以客体为中心的，而不是以自我为中心的。"[2]

巅峰体验中出现的这种"无我"意识，因为具有最无私、最利他的高贵特征，历来受到人们的高度赞扬，被认为是巅峰体验最重要、最具深远影响的现象之一，人类社会最伟大的理想即平等博爱的理想、人类个体对自我最严苛的道德约束和最非凡的道德超越，都可以从这里找到神秘的发源地。

---

[1]《庄子·在宥》。
[2]（美）亚伯拉罕·哈罗德·马斯洛：《人性能达到的境界》，马良诚等译，陕西师范大学出版社，2010年，280页。

这样的赞美并不过誉，因为人类在其他情境中虽然也会产生种种"无我"的心理和行为，但是这些心理和行为无不出于某种现实的考量，无不受到人的理性的或情感的沾染甚或玷污，唯有在巅峰体验中，人所产生的"无我"是一种绝对纯洁纯净的情怀。

为什么在巅峰体验中会产生"无我"意识呢？通常解释是，"无我"意识产生于巅峰体验前过程的意识消失的环节，"我"的意识在此环节随着全部意识的消失而消失，于是经历者产生了"无我"的意识。在我看来，这一观点只能解释纯粹生理性的"无我"，不能解释具备道德内涵的"无我"，我认为具备道德内涵的"无我"意识，不是在意识零点状态中产生的，而是在儿童化意识状态和成人化意识状态阶段产生的，是以儿童意识为基础的成人意识的产物。在巅峰体验经历者的意识重建过程中，儿童意识状态具有极为关键的作用，儿童尤其是幼儿对外界的感知中没有"我"的意识，只有对物的直觉，而且物物不分，物我不分，把"我"也视为物，视为与其他物相似的物，这一状态的哲学表达，就是幼儿的自我主体意识尚未萌生，主客体不分，主体混淆于客体，而且客体也是相互混淆的。这是一种天然的"无我"意识状态。然而，在这一儿童意识状态中，固然没有"我"的意识，但同样也没有"无我"的意识，没有任何自觉的意识。真正具备道德内涵的"无我"意识，是经历者以成人化意识观照儿童意识中万物呈现状态而产生的意识，是超越了儿童化意识的意识。在成人化意识的视野中,那种万物齐一、万物同一、万物合一的"无我",那种万物友善、万物融洽、万物无差别地和谐共存的"无我",不是我与他物在物体形态上没有差异的"无我",而是我与他物在根本价值上没有差异的"无我",是感悟到我与他物在本质上相同的"无我":"以道观之,物无贵贱""万物一齐,孰短孰长?"①这样的"无我"是经过成人化意识升华的"无我",是绝对纯洁纯净的具有自觉道德内涵的"无我"意识。

3.再然后,意识重建进入成人化意识状态。在这一状态中,由朦胧模糊境界所产生的世界初始的感受和由美轮美奂境界所产生的世界美好的感受,促成了巅峰体验经历者的形而上瞬间顿悟。这种形而上顿悟是成人化意识的体现,因为唯有成人意识才具有渴望知道世界最高存在者或终极实在、渴望知道世界本质和人类存在意义的强烈欲求,才具有获得这种领悟的心理条件、知识条件和思辨条件。对世界最高存在者或终极实在,以及对世界本质和人类存在意义的形而上领悟,是成人化的价值认知的思维升华。

总之,正是巅峰体验经历者的幼婴期记忆闪回、所有记忆被彻底清零、意识恢复并重新建立的这一过程,让巅峰体验的经历者获得了非凡的形而上领悟。

这就是巅峰体验发生的生理-心理机制,也就是巅峰体验的核心奥秘。

---

① 《庄子·秋水》。

第八章
结语：致敬巅峰体验的形而上高贵品质

人类具有形而上思维的精神本能，具有对有形事物之上的重大无形事物思辨的强烈欲求。这些形而上思维的内容，包括关于世界最高存在者或终极实在的思辨、关于整体世界和世界本质的思辨、关于人类存在的终极意义的思辨。

世界最高存在者或终极实在观念，包括上帝、梵、涅槃、道、至善理念、太一、绝对自我、绝对理念、绝对意志、神圣自然等观念。在既往的人类思想史上，形而上思维的最高形态就是对世界最高存在者或终极实在的思辨。这是因为，这种思辨是人类渊源最早的形而上之思，是人类在智力混沌初开之时就萌生的形而上之思。同时还因为，在人类既往的思想史上，这种思维前后传承，形成了一种不可撼动的思维传统：世界最高存在者或终极实在是世界的根本原因，它创生了世界万物，赋予和规定了世界万物的运行规律、存在意义、存在目的和最终归宿。其他的形而上思维都是以这一最高的形而上观念为基础的,都是依附于这一最高观念的,都是这一最高观念的延伸,都是对这一最高观念的阐释。世界最高存在者或终极实在观念的最初形成,是人类理性思维能力的一次了不起的飞跃,对人类认识世界、认识社会和认识自身产生了极其巨大的影响,对人类历史的发展产生了极其巨大的影响。

然而,进入近代之后,尤其是进入现代和当代之后,这种关于世界最高存在者或终极实在的最高观念,不论是来自哲学的还是宗教的,不论是来自理性主义思辨的还是神秘主义顿悟的,都遭到了进步中的人类理性的无情批判,都被认为是荒谬的,在学理上根本不能成立。

这种批判主要体现在以下三个方面:

1. 事实上不成立。传统形而上思维所产生的种种最高存在者或终极实在的观念,都不具有事实性,都是虚构的。首先是"上帝"观念最早受到质疑,在18世纪的欧洲启蒙运动中,上帝观念遭到了哲学的激烈批判,但是更具摧毁力的批判是科学的批判,科学在事实上发现天主教－基督教关于上帝的所有证明都是错的:天文学发现,宇宙不是像教会所说的那样,上帝以地球为中心、让太阳围绕地球旋转,而是地球围绕着太阳旋转。地质学发现,地球不是像教会所说的那样,由上帝创造于某一日,而是有着几十亿年的地质变化过程。考古学发现,人类和动植物不是像

第八章 结语：致敬巅峰体验的形而上高贵品质

教会所说的那样，是上帝在六天中创造出来的，而是有着漫长的进化过程。科学还发现，地球潮汐源于月球的引力，风暴源于冷暖气流的交汇等等，所有的自然现象都有着自然的原因，而不是因为上帝的作用。现代科学进一步证明了这一点。科学对地球深处的状态已经有了相当清晰的了解，那里没有地狱；科学进入了太空，太空中没有天堂。自然科学简单而确凿地表明，没有关于上帝存在的任何事实证明，上帝是一个没有事实性的观念。至于理性主义思维的最高观念，如"至善理念"等，其非事实性更为显见，它们只是由种种概念通过逻辑推演而构成的，不是事实性的存在。

2. 逻辑上不成立。逻辑是人类理性思维的高级形式，因为依凭逻辑推导，人们能够透过事物的现象认识事物的本质，能够通过已知的事物认识原先不知的事物，只要遵守相应的演绎规则，逻辑推导的结论是确定无误的。"至善理念""绝对理念"等最高存在者或终极实在的观念本质上都是逻辑推导的产物，德国哲学家黑格尔（Hegel，1770—1831）说过，"绝对理念"就是世界的最高逻辑架构和最充分的逻辑展开。然而新的哲学理论发现，逻辑推导是受到范围限制的，只能在有限的范围内推导出正确的概念，对于无限事物的推导则无法保证其推导结论的正确性。英国物理学家牛顿（Newton，1643—1727）的经典物理学理论，在提出之后的两百多年中被认为是绝对正确的，在常规世界中没有例外，但是20世纪德国物理学家海森堡（W. Heisenbrg,

1901—1976）发现了微观世界的测不准定律，德裔美国物理学家爱因斯坦（A. Einstein，1879—1955）发现了宇观世界的相对论理论，这些发现突破了牛顿理论的规定。事实表明，逻辑只能对有限的可经验的事物进行有效的归纳推定，对无限的不可经验的事物无法作出必真的判断。最高存在者或终极实在等观念都是对不可经验的无限事物的判断，因而不是必真的，没有资格作为全称判定。

3. 价值上不成立。传统形而上思维认为最高存在者或终极实在是宇宙世界中唯一的最高事物，正是这个唯一的最高事物在创生世界的同时创生了人类，在规定世界性质的同时规定人类的性质，在安排世界目的的同时安排了人类的目的，在赋予世界意义的同时赋予了人类的意义。最高存在者或终极实在是人类所有价值观念的来源和依据。而当代宇宙学研究表明，宇宙是一个由物质构成的巨大系统，宇宙的质地以及产生和运行都是物质性的，都可以得到物理学的和只是物理学的说明，而形而上思维所提出的最高存在者在宇宙中找不到任何证明，宇宙的产生和运行也无需这样的最高存在者来解释。宇宙无限广袤而冷寂，除了地球上的人类，宇宙中没有任何精神性现象的迹象，正如诺贝尔奖得主、美国天文学家温伯格（S. Weinberg）所说的那样：宇宙越是被我们所了解，便越是显示出没有意义。所有关于目的、意义等价值性的判断，都是人类自身的精神性产物，传统形而上思维所认为的价值来源于最高存在者的判定是没有事实依据的虚幻推论。

第八章 结语：致敬巅峰体验的形而上高贵品质

在近代哲学和科学的批判下，尤其是在 20 世纪后现代主义思潮的激烈批判下，传统形而上思维所提出的最高存在者或终极实在的观念，丧失了学理上的合理性，成为错谬虚妄、大而不当、空洞无物概念的同义词。传统形而上思维的最高观念即最高存在者或终极实在观念，在 20 世纪初全面崩溃。

但是在我看来，对形而上思维的全盘否定是不妥当的，因为形而上思维，即便是传统的形而上思维，既有明显的不合理性，也有明显的合理性。传统的形而上思维之所以失效，是因为其内在缺陷在学理上不能成立，因而对传统的最高存在者或终极实在观念的崩溃无需惋惜，这一点应当是毋庸置疑的。然而，形而上思维又是人类从整体上和根本上认识世界的最高方式，是人类理性思维的最高形态，尽管它的某些思维结果因为时代的局限即时代知识量的局限导致错谬，但其本身却不是错谬的，它在人类的宏大思辨中具有不可取消和不可替代的重要意义。

我们回顾一下人类形而上思维的生成与发展历史。

形而上思维，以及由形而上思维所产生的世界最高存在者或终极实在观念，其所体现的是一种最大化的整体性思维，这种最大化的整体性思维，是以人类思维所能意识到的最大的时空范围作为思维框架而展开的。

人类的这种形而上的思维，起源于动物的探究本能。动物学研究表明，动物尤其是灵长类动物，在选择生存环境时伴有对环境进行观察探试的行为，这些行为包括对环境安危、食物丰匮的直观观察和主动测试。这种观察探试对于动物的生存是重要的，是动物的一种本能性的生存行为。人类延续和发展了动物观察探究生存环境的习性。然而，与低等级动物不同的是，原始先民不仅要了解生存环境，使环境中的事物成为熟悉的事物，知道生存环境是怎样的，他们还要进一步知道生存环境为什么是这样的，是怎么这样的，表现出此前动物所没有的更为强烈、更为彻底的探究欲望。原始先民的这种探究表现为原始神话。流传至今的原始神话，是人类自智力混沌初开至文明初期的思想产品。这些神话反映了人类童稚时期的思维状态，保存了人类最早的思维资料，是极为珍贵的思想化石。原始神话提出了无数疑问，并按照原始先民和早期先民的猜想解释了这些疑问，如天空和大地是怎么产生的、太阳为什么会每天升落、一年为什么会有四季、人是从哪儿来的、地里为什么会生长庄稼，乃至蛇为什么没有脚、兔子为什么豁嘴等。原始神话的内容极其丰富，天文、地理、社会、习俗、生物、物产等无所不包。但是如果按照大的类型划分，全部神话可以归纳为三大类有关起源的神话，即关于宇宙起源的神话、关于人类起源的神话、关于各种事物起源的神话。在这三大类原始起源神话中，最重要的是关于宇宙起源的神话，因为这一神话所探究的是最为宏大的起源问题，是涵盖所有其他起源问题的起源问题，因而在全部原始起源神话中占据最重要的地位。《大英百科全书》"神话与神话学"词条指出："在大多数传统中，宇宙起源神话为其他一切提供了样板，别的神话或与此有关或由此派生。

第八章　结语：致敬巅峰体验的形而上高贵品质

由于可供人居住的世界——宇宙，是个带决定性的问题，所以不管其内容如何多样化，也不管一个时期与另一个时期有多么不同，宇宙起源学说大概最清楚地表达了人类基本的神话学倾向。"[1]原始神话所蕴含的这一思维倾向似乎是不可思议的，为什么人类竟然在智力混沌初开的原始时期就萌生了博大的宇宙世界意识，就展开了对宇宙世界追根溯源的探究呢？我们从动物观察探试生存环境的本能出发，也就不难理解原始先民为什么要这么做了。他们之所以探究和猜想大地，是因为大地是他们狩猎动物和采集植物以维持生存的地方；他们之所以探究和猜想天空，是因为自天而降的阳光、雨雪、风暴与他们的生存息息相关，他们感受到天空也是他们生存环境的组成部分。不过原始先民意识中的宇宙世界与当代科学观中的宇宙世界在尺度上是完全不同的，原始先民眼中的宇宙世界尺度不大，只是原始先民目力所及的周遭环境：他们居住地的山岭和河流、他们曾经攀上山顶看到的和曾经沿着河流走过的更远的地方，当然还有他们抬头即可看见的天空和天空中的日月星辰。随着原始先民活动范围的不断扩大和原始先民思维范围的不断扩大，原始先民的宇宙世界意识也在逐渐扩大，比如神话中天有多重天、地有多层地的想象，就显示了他们意识中不断扩大的宇宙世界的空间范围。原始先民对时间的追溯依凭于对部落血缘的追溯，他们从祖父祖母，追溯到祖父祖母的祖父

---

[1] 陈建宪：《神话解读》，湖北教育出版社，1997年，89页。

祖母，直至追溯到最早的那对祖父祖母，他们认为那就是宇宙世界的时间起源。原始先民的宇宙起源神话表明，人类在自己的初始，就萌生了博大的形而上思维意识的雏形，这就是关注和探究最大化的生存时空。虽然原始先民意识中的宇宙世界实际上是一个时空维度都极其有限的"微型"宇宙世界，但是对于原始先民来说，这样的空间和时间就是他们所能够意识到的最大空间和最大时间、全部空间和全部时间、终极空间和终极时间。这一空间和时间的范围达到了原始先民所可能意识到的最大极限，因而这种思维意识是绝对博大的。由此可见，人类初始的思维就是不满足于对当下情形认知的、不懈地向初始追寻的、执意追溯事物最初原因的思维，就是探求最大化时空维度的、以最大化的时空维度作为思维框架的思维，就是追求最大化的整体性思维的形而上思维。

原始人类和早期先民的神灵观念、大神观念，就是这种最大化的整体性的形而上思辨的雏形。之所以说是雏形，是因为这些最高存在者或终极实在观念的产生方式是神话式思维的，即主要是想象猜测的，是不严格的，而且这些观念对于最高存在者或终极实在观念来说是不完整的。

人类关于世界最高存在者或终极实在的理性主义的形而上思维，首次出现于公元前5世纪前后。那是一个神奇的历史时期，古代印度、古代中国和古代希腊这三个彼此隔绝的文明古国，竟然不约而同地各自产生了人类思想史上第一批非神话式的最高存

第八章 结语：致敬巅峰体验的形而上高贵品质

在者或终极实在的观念，这就是释迦牟尼的"涅槃"观念、老子的"道"观念和古希腊哲学家群的"至善理念"。那是一次人类饱含理性的形而上思维的整体爆发。德国哲学家雅斯贝尔斯在《历史的起源与目标》一书中，把这一非凡的时期命名为"轴心时期"。雅斯贝尔斯给予轴心时期以最高的评价，他认为轴心时期是整个人类文明的"突破期"，是人类历史上最深刻的分界线，此前的所有时代似乎都只是在为这一时期的伟大突破而集聚能量，正是轴心时期思想家们的形而上思维的伟大思想成果，为人类以后的发展奠定了基础并树立了标准，从而把人类塑造成为现今这样的人类。雅斯贝尔斯说："直至今日，人类一直靠轴心期所产生、思考和创造的一切而生存。每一新的飞跃都回顾这一时期，并被它重新点燃。"[1]

雅斯贝尔斯的评价并不为过。轴心时期所产生的这些饱含理性的最高存在者或终极实在观念，囊括了整个宇宙世界，它们被认为是世界产生的最初原因、运行的最高主宰和发展的最终归宿，世界是由最高存在者或终极实在一元化地统摄的；这些最高观念就是在最大的时空框架中对宇宙世界作出的整体的和根本的说明。这些最高观念的出现，是人类思想史上的一次非凡突破，它为人类此后的宏观思辨规定了一个牢不可破的思维范式，这就是对世界的完整认识首先必须是对完整世界的认识，必须是对世界根本

---

[1] （德）卡尔·雅斯贝斯：《历史的起源与目标》，魏楚雄、俞新天译，华夏出版社，1989年，14页。

原因的认识。虽然我们现在知道这些最高观念是错谬的，在学理上不能成立，但是这些在公元前5世纪左右人类社会进入文明初期时产生的形而上观念，在其当时以及此后的数千年中，深为人们所尊崇和信服。这些观念令人视野开阔、意气奋发和目标高远，之所以如此，是因为这样的形而上思维，是把最大化的时空维度作为思维的框架，是试图在最大的范围内和最高的层次上对世界与人类的存在作出理性的说明，是试图完整地求解世界与人类存在的奥秘，是试图认识和趋赴最理想的人类生存状态。这些最高观念也因而对人类文明的加速进步发挥了极其巨大的推进作用。

形而上思维，包括对最高存在者或终极实在的形而上思维，又是人类认识自己、改造自己和完善自己的最好方式之一，是发现人类存在意义的最好方式之一。我们以轴心时期的古希腊哲学家苏格拉底（Socrates，公元前469—公元前399）为例，来看形而上思维对个体精神升华和人类整体品质提升的影响。

苏格拉底是古希腊雅典城公民，他一生都沉浸在什么是"善自身"的形而上思考中。"善自身"即最高的善，这个概念也就是他的学生柏拉图后来提出的最高存在者或终极实在的观念"至善理念"的前身。苏格拉底认为，人生不应当碌碌无为，应当活得有意义，而人生的意义就在于对那个最高善的认识和趋赴之中。苏格拉底对他的雅典同胞日渐懒散、内争和贪婪感到担忧，"他认识到，自己一生的使命就是把他的同胞从无所用心的状态中唤醒，引导他们去思索生活的意义和他们自身最高的善，使人处于一种对身心有益的内心不宁静的状态——他认为，这就是他的使命、他的哲学、他的'神圣的职责'。"[1] 苏格拉底热衷于与人辩论，让他们醒悟自己的不足，敦促他们追求最高善的知识。苏格拉底的方式既让一些坦诚的人感到大受启发而满心喜悦，也让一些心胸狭隘的人感到受了侮辱而心存嫉恨。苏格拉底被仇视他的人以当时最为严重的亵渎神灵的罪名告上法庭。在法庭上，苏格拉底不愿妥协退让，最后竟被判以极刑。

以下摘录的是苏格拉底在法庭上的几段申辩词：

> 我确信神指派我的职责是度过爱智的一生，检查我自己和他人，如果我由于惧死或怕其他的风险而放弃神所委派的职责，这将极大地违背我的本性。

> 只要我还有一口气，只要我还能活动，我就绝不能终止追求哲理的实践。我不能不劝告你们，我必须向我所遇到的每个人阐明真理。我将以我惯用的方式继续说，"我的好朋友，你是以智慧和力量著称于世的最伟大的雅典城邦的公民。而你只关注聚敛钱财、追逐名誉，而不关心真理和理智，不去完善自己的灵魂。你难道不为此感到羞愧吗？"

---

[1]（德）E. 策勒尔：《古希腊哲学史纲》，翁绍军译，山东人民出版社，1992年，104页。

巅峰体验：一种生理-心理机制的研究

> 我所有的时间都用来试图说服你们青年人和老年人，要首先和主要去关心你们心灵的最大幸福而不要去关心肉体享受和财产。我要到处去宣称："财富不能带来善，而善能带来财富和其他一切幸福。不论对个人还是对国家都是如此。"这就是我所信奉的信条。

> 我一生从没过过宁静的生活，我从不关心大多数人所关心的事情，诸如赚钱、建立舒适的家庭、谋求高官厚禄等；……我只是尽量去做我认为对你们最有利的事情：我试图说服你们每个人不要更多考虑实际利益，而要更多地关心心灵的安宁和道德的完善，更多地考虑国家利益和其他公众的利益。[①]

我们从中看到，苏格拉底由其个人的形而上思辨而提出了一种人类的新质，一种代表了整个人类的全新欲求。在苏格拉底之前，人类只知道自己拥有两种基本欲求，这就是源自动物的追求温饱自存的生物性欲求、肇始于人类原始阶段的追求公正和睦的社会性欲求，而在苏格拉底的《申辩篇》中，我们看到苏格拉底提出了人类的一种新的欲求，一种一心一意追求真理、美德和至善的欲求，即追求自我完善以实现人生意义的精神性欲求。在此

[①] 苏格拉底：《申辩篇》，余灵灵、罗林平编译：《苏格拉底的最后日子——柏拉图对话集》，上海三联书店，1988年，59—72页。

第八章 结语：致敬巅峰体验的形而上高贵品质

之前没有看到过对这一欲求如此完整而清晰的表达。苏格拉底在此所追求的，不是人的生物性欲求，也不是通常的社会性欲求，那样通常的社会性欲求的目的在于通过维护社会性欲求而维护自我的生物性欲求，对于苏格拉底来说这些都不是。苏格拉底不在意自我的生物性欲求受到损害，苏格拉底追求的是一种高蹈的精神性升华。苏格拉底痛切地意识到，在人们追求生物性欲求和社会性欲求的现实中，存在着太多恶的欲念，他希望人类能够具有一种另样的高贵欲求，这种高贵的欲求超越于那些恶的欲念之上，可以驱除那些恶的欲念。在苏格拉底的思辨中，这种高贵欲求就是追求最高善的欲求，就是追求自我完善以实现人生意义的欲求。苏格拉底相信这种欲求是可能的，因为他在自己内心中强烈地感觉到了这种欲求的冲动，他同时相信别的人，或许是所有的人应该也是这样。苏格拉底正是通过对最高善即最高存在者或终极实在的形而上思维，揭示了人类还可以有着第三种基本欲求，这就是人类进入文明时期之后产生的追求自我完善以实现人生意义的精神性欲求。由苏格拉底代表人类提出的这一精神性欲求，彻底划清了人类与其他动物的界线，是人类历史上一件里程碑式的伟大事件。因为，人的生物性欲求是与动物相同的，人的社会性欲求虽然超过了动物但仍然在动物中可以找到相似的行为，唯有人的追求自我完善以实现人生意义的精神性欲求，才是完全脱离了动物界的欲求，才是彻底人格化的欲求，才是真正属于人的欲求。当人类具有了这样第三种欲求时，人类也就成为完整的人了，因为唯有这样共存的三种欲求，才完整地体现了人类的全部本质，才完整地展示了人类的现实状态和未来可能，从而为开拓人类存在的潜能、改善人类存在的状态、提升人类存在的品质打开了一个无可限量的伟大境界。

总之，虽然传统的形而上思维存在错谬，其最高存在者或终极实在的观念不能成立，但它在人类历史上为建构社会的道德准则、政治制度、法律规范、文化艺术等方面都起到了极其重要的正面作用。同时，正是以传统形而上思维作为最高精神意识形态的既往文明，把人类塑造成为现今这样人格结构的人类，塑造成为情感丰富细腻、理性意识明确、自尊自爱并且愿意尊重和关爱他人、真诚希望社会向善发展、勇于创新超越的人。我们可以把人类的历史进程理解为在超越性的形而上思维的引领下加速进化进步的过程。人类正是在形而上思维的引领下，改变了世界，也改变了自己，让自然世界成为人化的世界，让自己成为这个星球上卓尔不群的最优秀物种。形而上思维的历史贡献是无可置疑的。

还应当指出，在对形而上思维的批判中存在着一个误区，这就是把"形而上思维"与"形而上学"相提并论。事实上，"形而上思维"并不等于"形而上学"，就像"运动"不等于"运动学"一样。"形而上学"作为一种理论体系可能是陈旧的、陈腐的，但是"形而上思维"则永远是生气勃勃的，永远在现实中不断生发，永远体现了人类向前进步和向上升华的新鲜感悟和强烈追求。

20世纪初，传统形而上思维的最高存在者或终极实在观念全面崩溃，是一件影响巨大的事件，从西方社会的角度来看，这些最高观念的坍塌是一场浩大的思想灾难。此前，人们生活在一个得到清楚说明的世界中，世界秩序井然，生活按部就班，发展方向明确，一切都由世界的最高存在者或终极实在在冥冥之中安排妥定。因而一切都是绝对必然的，一切都是明白无误的，一切都源于和趋赴于那个世界的最高存在者或终极实在。然而最高观念的全面崩溃彻底改变了这一美好境况，上帝观念、至善理念、绝对理念观念、灵性自然观念、宇宙法则观念、绝对理性、绝对自我、绝对意志观念等，所有曾经被视为最高存在者或终极实在的那些最高观念统统遭到了理性的摧毁。所有神圣都坍塌了，所有阐释都作废了，所有依据都撤除了。对于两千多年来深受传统形而上思维熏陶浸润的人们来说，这简直就是世界的末日。

传统形而上思维的崩溃，对于现实中人们的最大伤害，是人们找不到自己以及整个人类存在的意义了，原先所熟知的意义随着它们所依凭的世界最高存在者或终极实在观念的分崩离析而灰飞烟灭。

这里摘录几位著名哲学家、伦理学家和神学家对这场精神灾难的表述。

> 太阳已经被消灭了，夜已降临，天愈来愈黑，我们在无尽的虚无中犯错。地球松脱于太阳，我们被剥夺了所有坚固的支撑，我们前仆后跌，步履踉跄。

人会变得不再能向上帝祈祷，一生颠沛流离，永无避难之所。(德国哲学家尼采)[1]

一种失望和厌倦的感情，一种对将要到来的大灾难的预感，代替了对已取得的成就的自豪、欢乐和对新的更伟大事业的快乐希翼。……一个基本的调子贯穿于这些可怕的混乱声音之中，那就是——悲观主义！愤怒和失望看来已成为现代人情感生活中的两个主要旋律。(德国哲学家包尔生)[2]

对形而上学可能性的怀疑，对作为一代新人的指导者的普遍哲学的信仰的怀疑，实际上意味着理性信仰的崩溃，……与这种理性的信仰的崩溃相关联，对赋予世界以意义的"绝对"理性的信仰，对历史意义的信仰，对人的意义的信仰，对自由的信仰，即对为个别的和一般的人生存在赋予理性意义的人的能力的信仰，都统统失去了。(德国哲学家胡塞尔)[3]

---

[1] (德)孙志文:《现代人的焦虑与希望》，陈永禹译，三联书店，1994年，80页。
[2] (德)弗里德里希·包尔生:《伦理学体系》，何怀宏、廖申白译，中国社会科学出版社，1988年，128页。
[3] (德)埃德蒙德·胡塞尔:《欧洲科学危机和超验现象学》，朱庆熊译，上海译文出版社，1988年，13—14页。

第八章 结语：致敬巅峰体验的形而上高贵品质

对无意义的焦虑是对丧失最终牵挂之物的焦虑，是对丧失那个意义之源的焦虑。

此焦虑是由精神中心的丧失所引起的，由对存在的意义这一问题的回答所引起的。

……一切都尝试过了，一切都使人失望。传统的东西，无论怎样优秀、怎样被赞扬、怎样受到厚爱，也失去了今天令人满意的力量。……在我们的时代，对怀疑和无意义的焦虑压倒了一切。（美国哲学家蒂利希）[1]

文学家中最为关注和最为痛心于人类生存意义消失的人，是诺贝尔文学奖得主、法国作家加缪（A. Camus, 1913—1960），他的《局外人》《西西弗的神话》《鼠疫》等文学作品都痛切地表达了这一主题。加缪说，生命意义的问题是所有问题中最亟需回答的问题，然而现实最无法回答的恰恰也正是这一问题；哲学和宗教都堕入混乱和焦虑之中，理性和非理性都堕入混乱和焦虑之中，一切都堕入了混乱和焦虑之中；世界失去了解释，而失去了解释的世界变得陌生，我们不再能够理解这个原先熟悉的世界了，世界远离我们而去，身边的一切突然变得无比遥远；人因而成为流离失所的精神流浪者，被剥夺了对遥远家乡的记忆，并且丧失了对未来的希望。加缪说，当我们向这样的生活问一声"为什么

---

[1] （美）P. 蒂利希：《存在的勇气》，成穷、王作虹译，贵州人民出版社，1998年，38页、133页。

会是这样"时，我们的人生便立刻显示出毫无意义可言。加缪为之痛苦至深，他恳请对人生的意义作出清楚的解释，他说，哪怕只作出一次清楚的解释也行，"只要能说一次：'这是明白的！'那一切就会得救了。"[①] 然而恳请没有得到回音，世界面对人的祈求无动于衷，理性面对心灵的呐喊一筹莫展。于是，荒谬感油然而生，一切都显得荒谬，荒谬成了人与世界的唯一联系，荒谬决定了人的命运。加缪把人生归结为荒谬。

20世纪西方社会精神危机的形成有着多方面的原因，近代以来西方社会高速发展的负面效应和积弊在这个世纪开始集中呈现，如世界大战、核武竞赛、种族冲突、经济危机、贫富分化、暴力犯罪、环境恶化等，这些情形是造成这场危机的社会性原因。然而，传统形而上思维的最高存在者或终极实在观念的崩溃，而且是全部最高存在者或终极实在观念的统统崩溃，无疑极大地放大了这场危机的程度。

在20世纪对传统最高观念的批判和对人类存在意义的否定中，最激烈、最彻底的是后现代主义思潮。后现代主义思潮认为，不仅那些最高存在者或终极实在观念是虚无的，而且人类的存在意义也是虚无的，人不过是被偶然地抛入这个世界的，是一种没有理由、没有本质、没有目的的存在，人类的存在没有任何意义。后现代主义思潮声称它对形而上思维的批判以及对人类存在意义

[①] （法）加缪：《西西弗的神话》，杜小真译，西苑出版社，2003年，32页。

的否定，是为了破除宗教迷信和理性迷信，是为了从根本上解放人类的思想，但是实际结果却恰恰相反，后现代主义思潮的批判和否定摧毁了人们的精神支柱，造成了空前的思想混乱、社会混乱和普遍的悲观厌世情绪，给人们带来的是迷惘、焦灼、忧郁、躁动和彻底的绝望。20世纪是人类丧失了存在意义感的世纪。

对形而上思维的否定，是对人类自身的深刻伤害。因为虽然传统的形而上学的最高观念是错谬的，但是人类对最高事物的探究，其出发点和归宿点都在于对人类自身的探究。人类求解最高存在者或终极实在的目的，是为了从整体上和根本上求解世界；而从整体上和根本上求解世界的目的，是为了从整体上和根本上求解人类自己。形而上思维的最终指向，是对人类因为什么而存在、依凭什么而存在、为了什么而存在以及趋赴什么而存在等根本问题的探索，是对人类自身存在意义的发现和确认。

人类不能忍受后现代主义思潮对人类的判决，不能忍受人类自己的存在像土石草木和其他动物的存在那样没有意义。人类需要自身的存在是有意义的，这种需求深深植根于已然文明化的人类的精神本能之中，深深植根于已然理性化的人类的思维结构之中，虽然后现代主义思潮否定了这种可能，但是这种精神需求却是人类无法撤销、无法祛除和无法泯灭的。在传统意义消失之后，人类需要重建意义，只要人类还存在，人类就需要建立自身存在的意义，需要根据这种根本性意义来审视当下和远望未来，来规划和引领自己前行。不过，这样的意义重建，必须是以摈弃传统意义为前提的，必须是不再围绕那些虚幻空洞的最高观念展开的，而是以人为中心展开的。在此需要指出的是，这样的人类意义重建，仍然属于形而上范畴，只是不再注重纯粹思辨，而是更为关注现实中的实践。

那么，在人类重建自身存在意义的思辨和实践中，巅峰体验有没有作用？有着怎样的作用呢？

在人类重建意义的过程中，巅峰体验有着非常重要的启迪和昭示作用。这是因为巅峰体验与形而上思维有着密切关联，它本身就是一种神奇而天然的形而上思维形式。

人类在重建自身意义时所考量的诸多问题中必须包括这样三个重大问题：怎样认识人类置身其中的这个世界？怎样的社会是最好的社会？怎样的人是最好的人？巅峰体验在这三个问题上都可以给我们以宝贵的启迪和昭示，其具体表现为：1.巅峰体验具有最大化的整体性思维特点；2.巅峰体验可以昭示最美好的社会；3.巅峰体验可以造就最优秀的人物。

分述如下。

一、巅峰体验具有最大化的整体性思维特点

要完整地认知人类置身其中的这个世界，就必须具备整体性的思维意识，因为包括人类在内的宇宙世界是一个相互作用的整体。宇宙由最小的物质相互作用形成小系统，由小系统相互作用

形成大系统,由大系统相互作用形成更大的系统,层层递进直至构成宇宙总系统。如基本粒子组合成原子,原子组合成分子,分子组合成凝聚态物体;如生物大分子组合成细胞,细胞组合成组织及器官,组织及器官组合成个体,个体组合成种群,种群组合成群落;又如恒星和行星、卫星组合成恒星系,恒星系组合成星系,星系组合成星系团,星系团组合成超星系团,直至组合成总星系即宇宙。从整体性思维来看,宇宙作为一个完整的巨大系统,是由无数不同层次的小系统递进组合而成,这些不同层次的小系统就其自身来说是一个完整事物,但对于更大的系统来说则不是完整的事物,只是更大系统中的一个组合部分。各个层次的小系统既具有相对的稳定性,又具有相对的开放性。相对的稳定性保证了小系统是其所是的性质,相对的开放性使得该系统可以作用于其他系统并接受其他系统的作用,从而发生运动和变化,乃至组合成为新的大系统。对宇宙世界整体性的认知,在人文领域尤为重要。因为人类具有主观能动性,因而在个体与个体、部落与部落、民族与民族、国家与国家、信仰与信仰之间,即在同一层次的系统与系统之间,既存在着利益相共的相互关联,也存在着利益冲突的相互关联;在发生利益冲突的情形下,各小系统对自己利益的诉求都有着源于自身历史的和现实的需求,都有着自己合乎逻辑的理由;这些彼此冲突的理由只有在更高层次的更大体系中,才能够得到全面的审视和合理的判断,才可以向着人类的更大系统乃至最大系统利益的方向发展,从而消除隔膜,建构和平，实现共同进步。这样恢弘博大的整体性认知，是人类存在意义的前提和基石。

而巅峰体验天然地具备形而上的整体性思维的高贵品质，它所产生的神秘感受，都是博大深邃的感受，都是指向最大整体性的感受。

如以下这份巅峰体验经历者案例，典型地表达了这种神秘体验所带来的最大整体性的强烈直感。

> 我记得那个晚上，几乎在山顶的那块地方，我的灵魂好像敞开，进入无限，内部世界与外部世界奔腾咆哮，汇合在一起。这是深空呼唤深空——我自己的奋斗在内心开辟的深空，得到的回应是外部深不可测的深空，超出星空之外。我与创造我的上帝单独待在一起，到处是世界的美、爱、懊悔，甚至诱惑。我没有寻找他，却觉得自己的精神与他完全融合为一，对周围事物的日常感觉变得暗淡无光。此时此刻，剩下的只有难于言表的喜悦与欢乐。完全描述这种经验是不可能的。很像一个庞大的乐队产生的效果，所有单个的音调融为一体，形成优雅的和声，听众只觉得灵魂飞扬，情绪高涨，几乎无法控制。①

---

① （美）威廉·詹姆斯：《宗教经验种种》，尚新建译，华夏出版社，2008年，48—49页。

第八章 结语:致敬巅峰体验的形而上高贵品质

许多巅峰体验的经历者和巅峰体验的研究者都指出了巅峰体验的这种强烈的整体性感悟,如马斯洛说:"在存在认知(注:即高峰体验认知)中,体验或对象倾向于被看成是超越各种关系、可能的利益、方便和目的的。看来它似乎就是宇宙中所有的一切,似乎它就是和宇宙同义的全部存在。"①

无须讳言,既往的巅峰体验经历者都表现出对实际上错谬的最高观念的体认和皈依,但是,像上帝、道、至善理念、太一、绝对意志、神圣自然等传统的最高观念,不过是历史局限中的人类知识匮乏时代的思维产物,在这种看似错谬的最高观念背后,所体现的却是并不错谬的形而上的整体性直觉和思辨。关于这一点,英国哲学家詹姆斯·利奇蒙德(James Rlchmond)有一段非常清楚的论说:"'上帝'这个词'是极其出色的整合剂',该词的使用便是从这一事实获得了正当理由。'上帝'是这样一种词,以至于只有该词能整合个体存在领域和道德领域,整合这两个领域和自然领域,整合这三个领域和其他领域。形而上学中的关键性语词只有联系到'上帝'这个关键词时才是可构造可组织的。这个词看来是能向我们提供一幅真正规模宏大的、涵盖整个宇宙的形而上学图表的唯一的语词,在这幅图表中,一切(不仅是一些)领域被联结成为一个有意义的能说明问题的整体。"②

---

① (美)马斯洛:《存在心理学探索》,李文湉译,云南人民出版社,1987年,66页。
② (英)詹姆斯·利奇蒙德:《神学与形而上学》,朱代强、孙善玲译,四川人民出版社,1990年,154页。

人类通常是通过理性主义的哲学思辨方式达到对世界整体性认识的，而巅峰体验却以一种非常的方式、一种源于人类的深层生理－心理的方式，以奇特的直感和强烈的动能给人以恢弘的形而上的整体性领悟，这是极为珍贵的。

二、巅峰体验可以昭示最美好的社会

巅峰体验最为独特的表现，是它可以在经历者的意识中神奇地展现出一个美轮美奂、至善至美的境界，那是一个万物平等、万物友好、万物无差别地和谐共存的境界，而这样的境界所昭示的，正是人类理想中最美好的社会形态。

庄子就是通过巅峰体验所展示的这一境界而提出了万物齐一、天下大同的社会理想。

释迦牟尼也是这样，他通过巅峰体验朦胧模糊境界中没有形状的物体纷纷涌现、相互组合而成为有形事物的视觉感觉，感悟到万物最初都是平等的，是互为因果和互为依存的："若此有则彼有，若此生则彼生；若此无则彼无，若此灭则彼灭。"[①] 从而提出了万物无亲疏区别的平等博爱的社会理想。

释迦牟尼说：

　　愿一切有情（注：有情，泛指包括动物在内的有灵

---

① 《中阿含经》卷四十七。

性的生灵）幸福、安稳！自有其乐！凡所有的有情生类，动摇的或不动的，毫无遗漏，长的或大的、中的、短的、细的或粗的，凡是见到的或没见到的，住在远方或近处的，已生的或寻求出生的，愿一切有情自有其乐！不要有人欺骗他人，不要轻视任何地方的任何人，不要以忿怒、嗔恚想，而彼此希望对方受苦！正如母亲对待自己的儿子，会以生命来保护唯一的儿子；也如此对一切生类培育无量之心！以慈爱对一切世界培育无量之心，上方、下方及四方，无障碍、无怨恨、无敌对！①

扩大慈爱之心于第一方、第二方、第三方，乃至上下纵横充遍一切，广大无量，无怒无嗔，于一切处恒以慈心而住世间。②

张曼涛教授指出，最初引发佛教的万物同一的平等博爱观念的原因，就是巅峰体验中所呈现的物体无差别的境界："佛陀的大悲心，纯由于悟入诸法平等、性无差别的同缘共境而起。"③

基督教也是这样，基督教的创始人保罗说：基督徒的爱"并不分犹太人、希腊人、自主的、为奴的，或男或女，因为你们在

---

① 《应作慈爱经》。
② 张曼涛：《涅槃思想研究》，东方出版社，2016年，57页。
③ 同上书，59页。

基督耶稣里都成为一了。"[1] 保罗提出的这种超越种族、阶层和性别的平等博爱的社会理想,也与他所经历的神秘体验息息相关。

人类也可以通过理性思辨的方式和情感想象的方式产生平等博爱的观念和情怀,但理性思辨和情感想象所产生的观念和情怀,既有着理性思辨和情感想象的优点,又有着理性思辨和情感想象的局限和保留,它们不像巅峰体验所产生的平等博爱的意识那样冲动强烈,那样刻骨铭心,那样不含一丝一毫的杂质。只有巅峰体验才可能产生最为纯洁纯净的平等博爱的意识,这种最为纯洁纯净的平等博爱的意识,只有在神秘的巅峰体验的刹那间才可能灵光一现。如现代基督教清洁派神秘主义领袖西蒙娜·薇伊(Simone Weil,1909—1943)就是这样体悟的。在她看来,所有的理论包括教义宗教提出的神学理论都不够完美,只有源于原始的神秘冲动即神秘顿悟所产生的体验才是完美的,她认为"只有完美才够"。[2]

当然我们也知道,这样最为纯洁纯净的平等博爱的观念和情怀,是过于理想化的,是远远脱离社会现实的,人类社会的进步,实际上主要是利益博弈的结果,是人们相互争斗又相互妥协的结果。在争斗与妥协中,人们的观念和利益渐趋一致,合作的必要性成为共识,社会因而得以进步;这样的争斗与妥协不断地在新

---

[1] 《加拉太书》3:28。
[2] (爱尔兰)杰拉德·汉拉第:《灵知派与神秘主义》,张湛译,华东师范大学出版社,2012年,138页。

的情形下重演，社会也因而不断进步。人类逐渐建立起了许多平等博爱的固定化制度，如以平等公正为圭臬的法律制度、全民教育和普遍就业制度、救助弱势者的社会保障制度、一人一票的政治选举制度等，这些制度都是人类争斗与妥协的结果，它们缩小了理想与现实之间的差距，是社会向着平等博爱的理想化状态进步的表现。然而，尽管争斗与妥协是人类社会进步的主因，但正是由于有着平等博爱高蹈理想的召唤和指引，人类社会才不至于像动物世界那样只是争斗与妥协的循环重复，而是螺旋式地上升，向着理想社会的方向不断前行。

巅峰体验是一再发生的，因而巅峰体验可以一再地向人类昭示最美好的社会状态，一再地为人类理想输入新鲜动能。

三、巅峰体验可以造就最优秀的人物

巅峰体验最难能可贵的，是可以造就超凡脱俗的最优秀人物。

巅峰体验所展示的那个美轮美奂、尽善尽美的境界，让一些经历者，以及一些虽然没有亲身经历但是听闻后被深深吸引和决然服膺的人，全心全意地沉浸其中。这些人从此改变了自己，他们把那一境界视为最高的召唤，按照那样的道德标准做人行事，从而形成了社会中一个非凡的高尚群体。

如上章所述，这些人所服膺的那一美轮美奂、尽善尽美的境界，是经历者在巅峰体验的意识恢复重建过程中产生的，实际上是一种儿童化的心理感受，这样天真的纯洁纯净的意识只可能在人类的儿童意识中萌生，尽管这种儿童化意识在意识重建过程中被成人化意识所丰满和升华，但根本质地还是儿童化的意识。

许多有过神秘体验的伟大圣哲，都对人类的婴儿状态和儿童状态有过极高评价，认为人类最好的状态就是处于童稚般的状态。如在老子看来，越是接近于婴儿的状态，就越是接近于天下大道的本然状态。老子说："载营魄抱一，能无离乎？专气致柔，能婴儿乎？"（能够精神与"道"合一而不离散吗？能够像婴儿那样真气饱满而达致最纯和的状态吗？）[1]"常德不离，复归于婴儿。"（与永恒之道不相分离的状态，就是返回婴儿的状态。）[2]"含德之厚，比之于赤子。"（丰厚地饱含"道"的状态，就像是婴儿那样的状态。）[3]13世纪意大利方济各教团的创始人方济各（Francis of Assisi, 1182—1226）也是这样，他的传记作者在传记中写道，方济各就像一个孩子一样，对他来说最好的社会就像一个幼儿园，"这样一所幼儿园是人类的想象力所能想象出来的最壮丽的宫殿。"[4] 耶稣也对信徒们说过："我实在地告诉你们，如果你们不重新成为孩子的模样，就断然进不了天堂。"[5]

---

[1] 《老子》十章。
[2] 《老子》二十八章。
[3] 《老子》五十五章。
[4] （英）G. K. 切斯特顿：《方济各传 阿奎那传》，王雪迎译，三联书店，2016年，128页。
[5] 马太福音 18:3。

第八章 结语：致敬巅峰体验的形而上高贵品质

读到这里，会有读者感到惊讶和困惑：难道巅峰体验的结果在于鼓励人们像孩子一样地生活在现实社会中吗？如果那样，那样的人不是幼稚得像傻瓜一样，不是会把自己的生活搞得一团糟吗？这些读者无法相信在生活中会有那样不明事理的人。

然而，在历史和现实中确实有着这样一些人。

詹姆斯在《宗教经验种种》一书中记写了以近代之前为主的这样一类基督徒，詹姆斯把他们称为"圣徒"。

这些"圣徒"是这样一些人：他们看上去像孩子一样不谙世事，天真傻气。他们心地善良，真诚地关爱他人，把他人的利益看得比自己的利益更为重要，他们从来不用任何不好的念头猜测他人，相信每一个人都是诚实的，他们不与人争，而是乐于助人，把帮助他人当作自己不可推卸的责任，如果因为自己的条件不足而不能帮好需要帮助的人，他们会为之羞愧不已。这样的人如果不是家庭背景令人尊重，或者本人不是教父而只是普通信徒，那么，他们在现实生活中的处境通常极为糟糕。他们是刻薄者最喜欢嘲笑的人，是歹徒最方便欺凌的人，是骗子最容易得手的人，但是他们却不会因此改变自己，他们依然纯洁纯净，依然像孩子般地善待他人，包括善待那些嘲笑、欺凌和欺骗过他们的人。他们之所以能够做到这样，是因为他们信奉耶稣的"爱你的仇敌"的教导，信奉耶稣所说的："我要告诉你们，爱你的仇敌，祝福那些诅咒你的人，对恨你的人做善事，为那逼迫你的人祈祷。"[1] "爱你的仇

---

[1]《马太福音》5:44。

敌"，只有亲身经历过巅峰体验所感悟到的那个至善至美境界的人，或者是听说后感同身受并坚信不疑的人，才可能说出这样的话，才可能相信这样的话，才可能按照这样的话去做。"爱你的仇敌"，是那个至善至美的境界所提出的道德要求，它要求人们不仅要爱自己的家人和氏族中的人，还要爱其他人，爱一切人，甚至要爱你最不可能爱、最不应该爱的人——你的仇敌。这是一种极其强烈的理想化的情感冲动，只有在神秘的巅峰体验中才可能出现这样强烈的情感冲动，才可能提出和实践这样完全无我的、不计后果的、无限博爱的道德要求。当你对你的仇敌也能够爱的话，你当然就会不顾一切地爱其他一切人了。

对于这样的圣徒，詹姆斯说：如果根据世俗的法则判断，人们会觉得圣徒是难以理解的怪物，他们完全偏离了人的自然轨道，像"爱你的仇敌"这样的话很少能够被人当真，倘若当真遵守这一戒律，那么将彻底摧毁我们全部行为的本能动机，摧毁现实社会。詹姆斯说：人类中存在着像鳄鱼和蟒蛇一样的歹徒，在对付这些鳄鱼和蟒蛇时，过于宽仁是愚蠢的，圣徒可能因为自己的诚实，将世界交到仇敌手里，他可能因为不抵抗而断送自己的生命。詹姆斯说：美德可以表现过度，事实上也常常表现过度，只有环境是完善的，完善者的行为才显出合理性，但它并不适用恶劣的环境，黑暗势力始终蓄意利用美德者的善良而达到邪恶的目的。詹姆斯说：全部宪政史都表明，唯有抗拒邪恶，正义才能

第八章　结语：致敬巅峰体验的形而上高贵品质

胜利，别人打你一嘴巴，你也打他一嘴巴，而不是把另一面脸颊也转过去。詹姆斯还告诫说，如果你只是一个普普通通的小人物，那么不要轻易模仿圣徒的行为，因为那样容易受到伤害。半个世纪之后的马斯洛也持这样的观点。马斯洛尽管非常赞赏并极力推崇自我超越者忘我、无我、超越自我、不以自我为中心的高贵品质，但是不赞成"以不实际的至善论的期望作为生活实践的目标。"① 马斯洛说，这种过于理想化的"存在认知可能导致无区别的认可、损害日常的价值、丧失鉴别的能力，以及过分容忍。"②

然而，詹姆斯又深深地理解这些圣徒，不吝激情地赞誉这些圣徒。詹姆斯说：如果没有这样的圣徒，如果没有人宁愿屡屡上当也不愿猜忌别人，如果没有人愿意宽恕他人而勾销私怨，如果没有人为了公众利益而不顾个人利益受损，那么我们的世界将会非常糟糕，要比世界现在的样子糟糕无数倍。詹姆斯说，我们绝不能事先断定某人肯定不能改邪归正，不能说人的鳄鱼和蟒蛇本性无可救药，人的灵魂发展的潜能深不可测，事实上很多看上去冥顽不化的人后来都发生了改变，这种改变令他们本人都惊诧不已。圣徒相信每个人的灵魂都是向善的，他们因而过度慈善，他们是这种信念的热忱倡导者和奋不顾身的践行者。"乍一看，圣徒

---

① （美）亚伯拉罕·哈罗德·马斯洛：《人性能达到的境界》，马良诚等译，陕西师范大学出版社，2010年，270页。

② 同上书，269页。

或许浪费了他的仁爱,或许成为慈善狂热的受骗者或牺牲品。然而,他的慈善对社会进步的一般功能是生死攸关、至关重要的。倘若事物总是向上,就必须有人情愿迈出第一步,不畏风险。不愿像圣徒那样尝试善意,尝试不抵抗,便无人能够说出这些方法是否成功。方法成功之时,其威力远远超过武力或世俗的明哲保身。"① 詹姆斯说,圣徒所以在现实生活中显得不谙世事,呆拙乖僻,是因为他们走在前面,这个世界跟不上他们。詹姆斯非常理解这些具有强烈神圣感的圣徒,他说:"神圣感强烈的人自然以为,这个世界最微末的细节,可以通过它们与不可见的神圣秩序的关系,获得无限重大的意义。思考这种秩序,给予他崇高的幸福,给他带来灵魂的无比坚毅。在社会关系中,他的奉献精神堪称典范,他富有助人的冲动。他的帮助是内在的也是外在的,因为他的同情既触及灵魂也触及肉体,并激发其中未曾料及的能力。他不像普通人,将幸福归于安逸,而是归于更高的内心激动,把痛苦变成快乐的原因,并完全取消不幸。因此,他不逃避任何义务,无论多么不上算。"② 詹姆斯赞扬这些圣徒是人类美德的创作者、启迪者、唤醒者和最有成效的推动者。詹姆斯说:"从这个观点出发,我们承认,一切圣徒具备的人类慈善,以及有些圣徒的过度,都是真正创造性的社会力量,试图将原本只是可能的某种

---

① (美)威廉·詹姆斯:《宗教经验种种》,尚新建译,华夏出版社,2008年,258页。

② 同上书,265页。

美德变为现实。圣徒是善良的创作者,是善良的添加者。"[1]"倘若没有他们,善良永远处于休眠状态。当他们经过我们面前时,我们根本不可能像天生的那么卑劣。"[2] 他们"有效地激励善良,缓慢地将世俗秩序转变为天国的秩序。"[3] 正是出于对这些圣徒的至高敬重,詹姆斯说:"宗教经验的最好结果,是历史所能展示的最好东西。"[4] 詹姆斯对这些孩子般纯洁纯净的圣徒的高度赞誉,无可复加。

马斯洛则更赞赏另一类具有孩子般天真气质的"圣徒",这就是以近现代为主的一些自我实现者。

马斯洛在他的研究中挑选了近两百年来直至当时最优秀的几十名人物作为研究对象,这些人都是成就卓著、名声显赫的政治家、哲学家、神学家、文学家和自然科学家。马斯洛发现,这些最优秀的人物不仅在各自的领域功成名就,而且都具备相同的人格特征。马斯洛把他们的人格特征总结如下:

1. 更清晰、更有效地感知现实。
2. 更能接受经验。
3. 增进了人的整合、完整和统一。

---

[1] (美)威廉·詹姆斯:《宗教经验种种》,尚新建译,华夏出版社,2008年,257页。
[2] 同上书,258页。
[3] 同上书,259页。
[4] 同上书,187页。

4. 增长了自发性、表现性，充分运行，生气勃勃。

5. 真正的自我，牢固的同一性，自主、独特性。

6. 增长了客观性，超然，超越自我。

7. 创造性的重新获得。

8. 融合具体和抽象的能力。

9. 民主的性格结构。

10. 爱的能力，等。①

马斯洛以及其他心理学家对这些自我实现者的人格特征作了进一步分析：自我实现者都真诚地认同以人为本的基本价值观，并以此形成了他们的基本素养。自我实现者最通常的特点是能够客观地按照生活的真实面目看待生活，较少受个人感情、社会潮流和其他宣教所左右，具有清醒的事实感和明确的是非观，因而他们的选择能力比普通人要强，对未来的预判也更为准确。自我实现者是整体论者，他们具有较强的思维整合能力，能够对杂乱无绪的，乃至矛盾对立的事物作出实事求是的分析，将其放在更大的时空范围和价值系统中予以观照，从而获得确定性的认知，避免了迷惘、烦躁以及人格分裂。自我实现者具有稳定的价值观，他们相信精神生活，相信世界及人类的存在是有意义的，他们的这种信念不是盲目信仰的结果，而是建立在理性基础之上的。自我实现者注重自我感觉，信赖自己的理性判断，尽管他们听取别

---

① （美）马斯洛：《存在心理学探索》，李文湉译，云南人民出版社，1987年，141页。

人的意见，但他们不是由别人而总是由自己决定自己的选择。自我实现者富有创造性，他们乐于和敢于发现和创造新事物，他们充满了创造的动能和理想的热情。自我实现者是率真坦诚的，他们是非分明，不掩饰自己的观点，他们不能容忍撒谎、欺骗、残忍以及虚伪，对不公正的事情感到义愤是他们的普遍反应。自我实现者拥有更为丰满的生活情趣，因为一般人只能在生理需要和社交需要的满足中获得快感，而他们却除此而外更能在无限丰盈的精神需要中品尝到无功利性的愉悦。自我实现者既是个性最为独立的社会成员，其实也是最为友好的社会成员，因为他们更为个性化的需要较少依赖于他人，也不太在意他人的评说，因而他们与他人的摩擦面较小，而且由于他们看重人的自尊需要，因而他们在尊重自己的同时也尊重他人。自我实现者热爱工作，他们通过他们所热爱的工作创造世界，也创造自己，他们把工作与人生乐趣融为一体，通过工作确认自我和实现自己的人生目标，他们的工作技能和效率通常很高。自我实现者都具有广博的爱的情怀，他们都深刻地意识到自己与整个人类的血缘关系和道德关系，他们的社会政治主张都是超越阶级、民族和国家利益的，他们无一例外地都是宣扬和促进世界和平发展的人。

对于这些最优秀的人物，马斯洛在研究中还有两个重要发现，一是发现他们通常有过神秘体验，马斯洛将其称为"高峰体验"（如前所述，其中往往是巅峰体验）；二是发现他们通常具有浓郁的孩子般的天真气质。

马斯洛这样说到这些最优秀人物的孩子般的天真气质：

> 我曾强烈地意识到，我们必须面对我选出的自我实现者的实际情况。因为他们既是非常成熟的，同时又是很孩子气的。我称它为"健康的儿童性"或"第二次天真"。①

> 所有这些最成熟的人，也是具有最强烈的孩子[气]或天真的人。②

马斯洛的研究，揭示了这些最优秀的人物与巅峰体验、与孩子般纯洁纯净品质三者之间的关联性。

这些近现代最优秀的人物，与过去的"圣徒"不一样，他们显然更加睿智，能够更为综合性地、更为理性地认识和参与这个世界；然而他们又和过去的"圣徒"一样，充满了孩子般的气质，用孩子般的善良实践自己的一生。

这些优秀人物为什么优秀？这是因为他们亲身经历了或是听闻后感同身受于那个美轮美奂、至善至美的境界，他们不像别人那样不相信存在着那样无比美好的境界，他们相信那个无比美好

---

① （美）亚伯拉罕·哈罗德·马斯洛：《人性能达到的境界》，马良诚等译，陕西师范大学出版社，2010年，294页。
② （美）马斯洛：《存在心理学探索》，李文湉译，云南人民出版社，1987年，126页。

的境界是真实存在的,他们相信那就是世界本来的样子,世界所应该的样子,也是世界未来的样子,相信那个天国般的美好境界终将会在人间实现。他们因而目标明确,意志坚定,不畏艰难,勇于前行。他们之所以优秀还因为,他们始终保有着与那个美好境界息息相关的儿童般的心态,那是纯洁的心态、好奇的心态、快乐的心态、不受陈规羁绊的心态、乐于尝试和创新的心态。他们卓尔不群的优秀表现,是孩子般天真无邪品质的自然生长和灿烂绽放。

巅峰体验是一种神奇的现象,它可以产生不可抑制的强烈冲动,这种强烈的冲动是一种博大深邃的直观和顿悟、一种向着浩瀚无际的无限时空蜿蜒伸展的意识、一种巨大的欢欣喜悦、一种具有鲜明的形而上指向的高贵精神。

巅峰体验的奥秘即它的生理-心理发生机制,是经历者幼婴期印象记忆的闪现,此前记忆被全部清零,在"意识零点"的基础上重建从孩童到成人的记忆和理智。这个过程是一个短暂的瞬间,然而在这个短暂的瞬间中,它向经历者展示了一个万物和谐、天下大同的美轮美奂的至善境界,它重新唤醒经历者童稚般的天真、纯洁和好奇,赋予经历者以成人化的童稚般的认知能力和创造能力。巅峰体验可以给经历者带来神奇而高尚的启迪,可以昭示人类最美好的社会形态,可以造就人类最优秀的人物。

巅峰体验是超理性的,它是人类理性主义之外另一条探究人类存在意义的神秘通道。

巅峰体验表明,人类最美好的理想理念,不仅来源于人类的理性主义思维，同时也蕴藏在人类的本然深处，它们是人类的一种初心初念。

巅峰体验和哲学思辨使得我们不能不思考一个问题：

> 这个问题就是怎样在这个世俗的世界上度过圣洁的一生，怎样使人生具有永恒的意义，怎样在这不完善的世界上始终保持着对至善至美的理想，怎样在假、丑、恶的尘埃中永远不忘记对真、善、美的追求。①

巅峰体验促使我们思考人类的存在意义，巅峰体验有助于人类重建存在意义，我们应当珍视这一来自人类本然深处的高贵的形而上召唤。

---

① 林方主编、马斯洛等著：《人的潜能和价值》，陈维正译，华夏出版社，1987年，380页。

附录
"巅峰体验"概念要点概述

说明:

以上内容写得有些枝枝蔓蔓,但是这样的枝枝蔓蔓是必要的,因为学术界对巅峰体验现象研究不足,研究文献很少,作为国内第一部关于巅峰体验现象的研究专著,理当把与之相关的方方面面尽量写到,以助于较为全面地论证这一问题。

但我也意识到,这样枝枝蔓蔓的写作,可能会让读者难以厘清要点。为之,我又撰写了这篇删繁就简的《"巅峰体验"概念要点概述》,以方便读者径直快捷地了解和把握巅峰体验这一概念。

一、什么是神秘主义的形而上瞬间顿悟的巅峰体验

神秘主义的形而上瞬间顿悟,是这样一种神奇的精神现象:有极少的人,会在毫无缘由、毫无预兆的情况下,突然遭遇到一

场罕见的精神冲击；这些经历者会在刹那间在自己的意识中看到一个朦胧模糊的境界，并随即丧失全部意识，经历者完全无法言说这一不可名状的境界；然后经历者的意识会快速恢复，会体验到极为强烈的身心震撼，感到无比的欢欣喜悦，感到豁然开朗，感到自己在此瞬间窥见了世界的最高秘密，顿悟了世界的本质和人类存在的根本意义；这一神秘经历又总是短暂的，整个过程稍纵即逝。与哲学的形而上思辨不同，这种神秘主义的形而上瞬间领悟，似乎不需要任何逻辑推理，它通过这样一次性的迷狂顿悟就直接完成了。

古代印度的释迦牟尼（Buddha，约公元前623—约公元前543）和古代中国的老子（约公元前571—约公元前500），就是这种神秘现象的经历者，他们的"涅槃"思想和"道"思想，就是这种神秘主义的形而上瞬间顿悟的产物。

由这种神秘现象所产生的形而上思想，与哲学思辨所产生的形而上思想，无疑同是人类思想宝库中的瑰宝。

然而，对于之所以产生如此非凡的形而上思想的这种神秘现象，人类理性迄今仍然难以理解，它被认为是一种无法解释的无理性、非理性和超理性的神奇例外。在尊崇理性主义原则的西方，这种神秘现象更是长久以来被认为是一种宗教式的迷狂和迷信。

西方社会对于这种神秘现象的态度，在20世纪初发生了根本改变，这一根本改变源于美国心理学家、哲学家威廉·詹姆斯（William James，1842—1910）1902年出版的《宗教经验种种》

一书。在这部著作中，詹姆斯首次对神秘主义的形而上瞬间顿悟现象进行了全面的理性分析和正面肯定。詹姆斯指出，这种神秘现象虽然看似荒诞迷信，而且也确实与许多荒诞迷信的观念混淆在一起，但它本身却不是荒诞迷信的，而是确定的心理事实和真实的精神现象。詹姆斯给予神秘主义的形而上瞬间顿悟以极高的评价，他指出，所有具有高贵的形而上指向的宗教，其最初的创立都源于创立者个人的独特体验，即个人的宗教式的经验，而这种"个人的宗教经验，其根源和中心，在于神秘的意识状态。"[1]詹姆斯还提出，虽然对神秘主义顿悟发生的生理机制不清楚，但可以肯定它与人的潜意识活动密切相关，是一种可以作为科学研究对象的精神现象。詹姆斯还首次对神秘顿悟现象的基本特征作了归纳。詹姆斯的这部著作被公认为现代神秘主义研究的奠基之作。

1950年代，美国心理学家阿伯拉罕·H. 马斯洛（A. H. Maslow，1908—1970）也在他的研究中发现了形而上的神秘顿悟现象。马斯洛是通过对数十名他认为最杰出的历史人物和当代人物的研究发现这一现象的。这些人物包括美国《独立宣言》的起草人杰斐逊（T. Jefferson，1743—1826）、首任美国总统华盛顿（G. Washington，1732—1799）、领导废奴运动的美国总统林肯（A. Lincoln，1809—1865）、荷兰哲学家斯宾诺莎（B.

---

[1] （美）威廉·詹姆斯：《宗教经验种种》，尚新建译，华夏出版社，2008年，271页。

Spinoza，1632—1677）、英国乌托邦思想创始人莫尔（T. More, 1478—1535）、德籍美国物理学家爱因斯坦（A. Einstein, 1879—1955）、德国神学家马丁·布伯（M. Buber, 1878-1965）、美国心理学家及哲学家詹姆斯、英国浪漫派诗人济慈（J. Keats, 1795—1821）、沙俄时期的民粹主义革命者克鲁泡特金（P. A. Kropotkin, 1842—1921）等。马斯洛把他发现的这种神秘顿悟现象称为"高峰体验"。

马斯洛在一次演讲中介绍了他的这一发现：

在对健康人的研究中我获得了不少新的认识，其中之一就是我们现在要专门讨论的问题。我注意到这些人常常说自己有过近乎神秘的体验。这种体验可能是瞬间产生的、压倒一切的敬畏情绪，也可能是转眼即逝的极度强烈的幸福感，或甚至是欣喜若狂、如痴如醉、欢乐至极的感觉。

在这些短暂的时刻里，他们沉浸在一片纯净而完善的幸福之中，摆脱了一切怀疑、恐惧、压抑、紧张和懦弱。他们的自我意识也悄然消逝。他们不再感到自己与世界之间存在着任何距离而相互隔绝，相反，他们觉得自己已经与世界紧紧相连融为一体。他们感到自己是真正属于这一世界，而不是站在世界之外的旁观者。

最重要的一点也许是，他们都声称在这类体验中感到自己窥见了终极的真理、事物的本质和生活的奥秘，仿佛遮掩知识的帷幕一下子给拉开了。艾伦·华兹曾这样表达过这种感觉，"噢，原来如此！"这好像是我们的最终目的地；我们的生活似乎是一场艰巨紧张的奋斗，以达到某个特定的目的地，而现在我们终于达到了，这就是目的地！这就是我们艰苦奋斗的终点，是我们渴求期待的成就，是我们愿望理想的实现。每一个人都有过这种时候，即我们感到迫切需要某种东西，但又不知道究竟是什么；而这种朦胧模糊的未能如愿以偿的渴望则可以通过我们的这些神秘体验得到最充分的满足。产生这种体验的人像突然步入了天堂，实现了奇迹，达到了尽善尽美。

就在这一点上，我已经得到了一些新的知识。我以前总把自己读到的那些少得可怜的神秘体验归结为宗教迷信。与大多数科学家一样，我对这些体验嗤之以鼻，概不相信，并把它们统统斥为胡说八道、错觉幻象或歇斯底里等。我几乎毫不迟疑地断定它们都属于病态心理。

然而，那些对我讲述过或撰文描写过此类体验的人无不健康正常，这便是我的体会之一。除此之外，这类体验还使我看到了那些目光偏狭的正统科学家的局限性，他们不承认任何与现成科学相违的情报资料是知识，也不承认它们是客观事实。这类体验大多与宗教无关，至少从通常的迷信意义上看是如此。这类美好的瞬时体验来自爱情，和异性结合，来自审美感受（特别是对音乐），来自创造冲动和创造激情（伟大的灵感），来自意义重大的顿悟和发现，来自女性的自然分娩和对孩子的慈爱，来自与大自然的交融（在森林里、在海滩上、在群山中，等等），来自某种体育运动，如潜泳，来自翩翩起舞时……

我的第二点体会是这类体验都是自然产生，绝非迷信。从现在起，我将不再称它们为"神秘体验"，而改称"高峰体验"。我们完全可以对这类体验进行科学的研究（我现在便开始了这种工作）。它们属于人的知识范围，而不是什么不可思议的外界秘密。它们存在于这个世界中，而不是超乎于世界之上。它们不是神父特有的本领，而是全人类共同的感受。它们不再是宗教信仰的问题，对它们的研究，完全是出于人的好奇心，出于对知识的追求。请大家留意一下像"启示""天堂""拯救"等字眼的自然主义用法的含义吧。科学史正是一门又一门的科学从宗教中诞生分化出来的历史。今天，历史似乎又在我们探讨的这一领域中重演。或者换种说法，我们从高峰体验所具有的最美好、最深刻、最普遍和最人道的意义上看，这类体验的确可以被看成真正的宗教体验。因此，对这方面的研究可能产生一个最重要的结

果，即把宗教拉到科学领域中来。（注：摘录中对原文中的加注文字有删节）[1]

由于马斯洛是以人们熟知并且尊敬的历史名人和当代名人作为研究对象，因而他的发现具有很大的影响力。马斯洛的高峰体验理论，与他的需求层次理论、自我实现理论，被誉为他对世界心理学的三大杰出贡献。

自詹姆斯和马斯洛之后，神秘主义的形而上瞬间顿悟现象在西方得以正名。20世纪60年代随着二战后印度移民大量涌入西方，印度教和佛教文化在西方快速流布，以及80年代中国道教文化在西方引发研究热潮，都极大地促进了西方神秘主义研究的发展。西方学术界不仅接纳了来自东方的神秘顿悟思想，同时也极力挖掘自身宗教传统中的神秘顿悟思想。全球学术界的现代共识是，神秘主义的顿悟现象不是虚妄的，而是心理事实的；不是不可知的，而只是未知的；不是完全非理性的，而是可以以理性方式分析研究的。学术界还认为，尽管宗教的瞬间顿悟的形而上思想与哲学的理性思辨的形而上思想在形式上不同，但本质上是相同的，都是对世界最高存在者或世界终极实在的领悟，都是试图由之而完整彻底地认知人类所在的这个世界、完整彻底地认知这个世界中的人类命运、完整彻底地认知人类存在于这个世界上的

---

[1] 林方主编、马斯洛等著：《人的潜能和价值》，陈维正译，华夏出版社，1987年，366—368页。

终极意义。当下世界学术界对神秘主义顿悟现象的理解大致都是如此，由中外学者共同编著的《西方哲学英汉对照辞典》对神秘主义顿悟现象的释义如下：

> 这种观点主张，存在着一个超验的或终极的实在，它既不能被经验，也不能被理性把握。那个领域超出日常语言的描述范围，对它的知识只有通过长期精神教化所形成的神秘直觉才能达到。人一旦目睹这不可名状的终极实在，他就达到一种与它合一的快乐而痴迷的境界，这种合一构成人类生活的终极意义。①

自詹姆斯和马斯洛之后，世界学术界对神秘主义顿悟现象的研究取得了丰硕成果，整理出版了许多相关古籍文献，收集了大量的经历者案例，发表出版了许多论文和专著，提出了许多重要的学术观点，当然其中最重要的还是为神秘主义的瞬间顿悟现象予以正名，确认了它在人类的形而上领悟中的非凡作用。

然而，诚如当代不少中外学者批评指出的，自20世纪80年代之后，全球学术界对神秘主义顿悟现象的研究徘徊不前，没有出现突破性的新观点和新发现，没有接近神秘顿悟现象的核心奥秘，依然只是围绕神秘顿悟的种种现象打转，彻底破解其奥秘的

---

① （英）尼古拉斯·布宁、余纪元编著：《西方哲学英汉对照辞典》，王柯平等译，人民出版社，2001年，648页。

希望看上去依然渺茫无期。

我认为，之所以形成这样不如人意的情形，是因为在对神秘主义顿悟现象的研究中存在着两个重要缺陷：一是基础概念存在混乱，二是研究方式存在不当。

1. 基础概念存在混乱

神秘主义的瞬间顿悟有着两种形式，一种是涉及形而上范畴的神秘顿悟，如突然间意识进入一个恢弘深邃的境界，仿佛突然领悟了最高存在者或终极实在，领悟了世界的最终秘密和人生的最高意义等等，这些属于比较少见的形而上的神秘顿悟。还有一种比较常见的神秘顿悟，虽然也由于突然发生而显得神秘，也具有某种豁然开朗之感，也会带来极大的喜悦和振奋，但其内涵不涉及形而上范畴，因而属于非形而上的神秘顿悟。这两种形式的瞬间顿悟，在詹姆斯和马斯洛的著作中都有论述，前者不论，关于后者即非形而上的神秘顿悟，詹姆斯和马斯洛的著作中提及的，包括如突然间对原本熟悉的某句格言某个词句产生了全新的理解，如明明身处一处陌生的地方却突然间产生似曾相识的感觉，如面对自然风景突然领略到无比的美丽，如聆听音乐时突然陷入深深的陶醉；马斯洛还把企业家在完成某项工作计划制订时的喜悦、橄榄球运动员抱球冲过底线时的激动、家庭主妇在完美地举办了一次家庭宴会后收拾好客厅和厨房之后的欣慰，甚至把成年男子在一次满意的晚餐之后心满意足地点燃雪茄时的惬意也都划入神秘的瞬间顿悟。马斯洛为之创设了"高峰体验"概念，这一概念囊括了形而上的和非形而上的全部神秘顿悟。

显然，詹姆斯和马斯洛都非常重视神秘顿悟的突发性以及经历者由之产生的豁然开朗感，如詹姆斯所说："豁然开朗的意识是'神秘'状态的根本标志。"[1]詹姆斯和马斯洛看重"顿悟"没有问题，但有问题的是，詹姆斯和马斯洛都没有意识到有必要对神秘顿悟现象作出形而上的和非形而上的区分。

詹姆斯和马斯洛的这一忽视，导致了神秘主义顿悟现象研究中基础性概念的混乱。显而易见，形而上的神秘顿悟与非形而上的神秘顿悟有着根本性差异，形而上的神秘顿悟所指向的是绝对恢弘博大的命题，而非形而上的神秘顿悟所指向的是相对平俗日常的现象，两者的思维指向及层次无法相提并论。形而上的神秘顿悟与非形而上的神秘顿悟，实际上是两个不同的概念，将两者不加区分地统而论之，实际上是概念的混乱，而且是严重的基础性的概念混乱。我们知道，基础性概念是学术研究的前提，如果前提概念出现混乱，势必导致研究者思维混乱、表述混乱和结论混乱。事实上我们在对神秘顿悟现象的研究中，确实读到了大量的这类混乱文本，因为对形而上的神秘顿悟和非形而上的神秘顿悟统而论之，于是或是为了迎合神秘顿悟的形而上维度而不适当地整体提升神秘顿悟的意义，或是为了迁就神秘顿悟的非形而上维度而不适当地整体降低神秘顿悟的评价，顾此失彼，左支右绌，

---

[1] （美）威廉·詹姆斯：《宗教经验种种》，尚新建译，华夏出版社，2008年，295页。

其结果是形而上的神秘顿悟和非形而上的神秘顿悟都不能得到准确定位，都难以得到更为深入的研究。

显然，需要改变这一混乱情形，需要对形而上的神秘顿悟和非形而上的神秘顿悟作出概念区分。为此，为了区别马斯洛含混的"高峰体验"概念，我在此创设一个新的概念——巅峰体验，我用巅峰体验这一概念专指神秘主义的形而上的瞬间顿悟。

2. 研究方式存在不当

詹姆斯在1902年出版的现代神秘顿悟研究的奠基之作《宗教经验种种》中，首次总结了神秘主义顿悟现象的种种特征，提出了其具有以下四个特征：1. 超言说性（经历者无法用适当的语言表达该状态）；2. 知悟性（经历者在该状态中获得某种彻悟）；3. 暂时性（该状态持续时间相当短暂）；4. 被动性（该状态的发生总是不期而至而且在该状态中经历者的理智暂时消失）。[①]

詹姆斯重视神秘顿悟现象的特征分析，这一重视特征分析的方式成为此后学术界研究神秘顿悟即巅峰体验的基本范式。

此后西方学术界出现的研究神秘顿悟现象的专著，其方法论大都沿袭了这一范式。如英国哲学家W. T. 斯特斯（W. T. Stace）提出巅峰体验具有八个特征：1. 整体观念，所有事物是统一的，是整体的部分；2. 超越时间和空间；3. 实在感，不是主观

[①] （美）威廉·詹姆士：《宗教经验之种种》，唐钺译，商务印书馆，2002年，377—384页。

的，而是知识的一个可靠的来源；4. 感恩、狂喜、和平和幸福；5. 圣洁的、庄重的、神圣的感觉；6. 悖论的、违反逻辑的；7. 超言说的，不能用语言描述的；8. 失去自我感。① 如美国宗教心理学家玛丽·乔·梅多（Mary Jo Meadow）和理查德·德·卡霍（Richard D. Kahoe）的特征归纳：1. 统一的感觉，即万物一体的感觉。此时作为单独实体的自我意识消失；2. 难以表达性，神秘主义者在力图解释他们的感受时遇到难以言说的困难；3. 真实性，神秘主义者坚信他们的感受是真实的；4. 超越时空性，空间和时间在体验中没有知觉；5. 直觉的特征，神秘主义给人以"被灌输"知识的感觉，即不通过思维便能感悟；6. 似是而非性，经历者似乎有所领悟又似乎一无所知。② 如宗教心理学家 M. 拉斯基（M. Lasky）用经历者的心理感觉来概括巅峰体验的特征，这些特征包括喜悦感、瞬时感、意外感、稀有感、宝贵感、非凡感、新生感、满足感、拯救感、净化感、荣耀感、永恒感、升华感、无时间感等等。③

对巅峰体验特征的研究，可以使我们对巅峰体验的种种征象获得丰满的感性认识，可以增进我们对巅峰体验的了解，这对于认知巅峰体验无疑是非常重要的，

---

① （英）麦克·阿盖尔（Michael Argyle）:《宗教心理学导论》，陈彪译，中国人民大学出版社，2005 年，57 页。
② （英）玛丽·乔·梅多、理查德·德·卡霍:《宗教心理学——个人生活中的宗教》，陈麟书等译，四川人民出版社，1990 年，215—217 页。
③ 王六二:《宗教神秘主义的性质》，《世界宗教研究》，1996 年，1 期。

但是我认为，仅仅关注于巅峰体验的特征是远远不够的，其结果只能是在散乱、无序的现象面前打转，无法进入对巅峰体验核心本质的认知。巅峰体验是一个活动性事件，是一个生灭过程，这一过程就是巅峰体验的内在状态，就是巅峰体验的本质；至于特征，只是这一本质过程中种种征象的显现。分析种种现象特征，未必可以使我们了解过程，但如果了解了过程，则肯定可以使我们更清楚地理解这些特征。当我们了解了巅峰体验的过程，即了解了巅峰体验的本质状态，我们也就可以清楚地分辨和厘清这些特征的发生顺序、发生原因、相互之间的逻辑关系；我们还可以因而发现在此前的研究中遗漏了哪些特征、误读了哪些特征、哪些核心特征没有得到应有的充分关注等等。总之，只有充分了解了巅峰体验的过程，才有可能真正了解巅峰体验的那些特征，才有可能彻底揭示巅峰体验的内在本质，即才有可能最终破解巅峰体验的核心奥秘。

很遗憾的是，在我所读到的所有相关论著文献中，未曾见到从巅峰体验过程的角度研究巅峰体验的，都囿于对巅峰体验现象特征的研究。我认为这种研究方式的局限，是巅峰体验研究裹足不前的又一个重要原因。

我尝试采用一种新的研究方式，即从巅峰体验的过程展开研究。我相信这种研究方式是更为有效的。

不过应当说明一点，在我对巅峰体验过程的研究中，此前研究者对巅峰体验种种特征的分析，对于我的研究是大有助益的。

二、巅峰体验的过程

巅峰体验的过程，是巅峰体验的经历者在自己意识中经历的过程，是一种意识现象，是一个突发的意识形态从生成到湮灭的过程。根据对大量相关案例的分析概括，巅峰体验的过程可以分为前后两个阶段，其中前过程包括四个环节：1.突然发生，2.出现光亮现象，3.出现朦胧模糊境界现象，4.出现意识消失现象；后过程包括两个环节：1.意识恢复与瞬间顿悟，2.后续思辨。

先来看巅峰体验前过程的四个环节。

（一）突然发生

巅峰体验总是毫无预兆地突然发生的，这种突发性常常被认为是巅峰体验的第一特征。马斯洛说：

> 高峰体验都是以毫无预料、突如其来的方式发生的。我们无法预计它们会在什么时候出现。[1]

由于这种无法预料的突然性，经历者会感到自己是完全被动地接受巅峰体验的，詹姆斯等学者又将这一特征称为被动性。如马斯洛所说：

---

[1] 林方主编、(美)马斯洛等著：《人的潜能和价值》，陈维正译，华夏出版社，1987年，372页。

就我们迄今所看到的高峰体验来说，其中大多数都具有被动感受的性质。高峰体验降临于人，而人则必须能够做到听其自然。人不能强迫、控制或支配高峰体验。意志力是无用的，奋力争取和竭力遏制也是无用的。对这类体验我们只须让其自然发生。①

所有自然而然发生的巅峰体验都具有这样的突发性和被动性。但是，一些宗教不赞同这样的观点，在这些宗教看来，神秘顿悟是可以通过某些修行而人为地主动获得的。事实表明，宗教的某些修行行为的确可以引发巅峰体验。但事实也表明，宗教修行人为引发巅峰体验是概率极低的事情，大量的所谓神秘顿悟其实并非巅峰体验而只是想象和思维推衍之类。那些概率极低的人为引发巅峰体验的事情，在具体的宗教修行中究竟能否发生、何时发生，仍然是不可确定、不可预料的，因而当它真的发生时，仍然应该视为突然的、被动的。

（二）出现光亮现象

许多案例记录了经历者在巅峰体验突然发生时他们在自己的内在意识中看见了光亮。不同的经历者看见的光亮形态不同，有的是光束，有的是繁星般的光点，有的是弥漫型的散光；光亮的

---

① 林方主编、（美）马斯洛等著：《人的潜能和价值》，陈维正译，华夏出版社，1987年，379页。

亮度感觉也不一样，有的感觉微弱，有的感觉明亮，有的感觉非常明亮；有的经历者甚至产生了火的意象，这应该是光亮感的极致形态。詹姆斯注意到了这一现象，他说："有一种感觉自动症，由于频频发生，或许值得特别注意。我是指幻觉或半幻觉的发光现象，即心理学家所说的幻光。"① 詹姆斯把这一现象理解为幻觉或幻光。

但在神秘主义者看来，这一现象是神秘顿悟即巅峰体验即将发生的先兆，在巅峰体验突然发生之前往往会产生这样的现象。佛经中有"若见电光，暂得见道"之说，② 说的是修行者在禅定中一旦产生了光亮感，便有可能突然悟道。

斯里兰卡南传佛教德宝法师（Bhante Henepola Gunarana）说，修行者在初入禅定时应专注于意念：

> 你应该始终专注于此，坚持不懈。这种忆念也会被微弱的亮光取代，如果出现这种情况，你就专注于后者。这是个极重要的时刻，你即将证入禅那。这种亮光就是它的征兆。③

---

① （美）威廉·詹姆斯：《宗教经验种种》，尚新建译，华夏出版社，2008年，182页。
② 《摩诃止观》卷九。
③ （斯里兰卡）德宝法师：《深度禅修》，聂传炎、张安毅译，海南出版社，2013年，136页。

西方基督教神秘主义者将神秘顿悟称为上帝莅临,称为巅峰体验的经历者与上帝的会合,欧洲教徒关于当这种神圣情境即将发生时出现光亮感的案例记录比比皆是。14世纪德国神秘主义大师艾克哈特(Meister Eckhart,1260—1327)总结说:有一种神圣的光,会像"心灵的火花"一样进入灵魂深处,经这神圣之光的照射,灵魂便欣喜若狂地飞向上帝的空虚静寂之境,进入永恒不变的世界。[1] 艾克哈特同样把光亮现象视为巅峰体验的先兆。

当代宗教心理学家对资深宗教禅修者进行过脑电波测试,发现当受试者进入深度禅修状态时,意识中的确会出现连续的光亮闪烁,甚至出现强烈的白光。专家认为,这种情形是大脑神经元超高速运作的物理反应,表明当巅峰体验发生时,大脑神经元之间的打通、对接与信息提取会产生很大的应力,不同于平常的神经元联通。

(三)出现朦胧境界现象

光亮现象之后,经历者的意识中将出现一个朦胧模糊的境界。

这是巅峰体验前过程中的两个关键环节之一,它与随后发生的经历者的意识突然消失的现象,是巅峰体验的核心秘密。经历者在巅峰体验以及后续思辨中所获得的所有奇特和非凡的感受感

---

[1] (美)G. F. 穆尔:《基督教简史》,郭舜平等译,商务印书馆,1981年,193页。

悟，都与这两个环节密切相关。

那么这一环节所呈现的境界是一个怎样的境界呢？说起来却又非常简单。根据案例总结，经历者们看到的是这样一个境界：这是一个朦胧模糊的境界，可以影影绰绰地看到其中有许多活动的物体，但这些物体却难以辨识，不知道它们是些什么，而且这一境界在突然呈现之后便迅即湮灭。

我们来看历史上最重要的一些巅峰体验的经历者对这一境界的述说。

先来看古代中国老子对这一境界的述说。老子是巅峰体验的经历者，他的"道"思想就是对巅峰状态的直接抵达，就是对世界最高存在者的直观领悟。在《老子》一书中，老子对这一朦胧模糊的境界述说如下：

> 视之不见名曰夷，听之不闻名曰希，搏之不得名曰微。此三者不可致诘，故混而为一。其上不皦，其下不昧，绳绳不可名，复归于无物。是谓无状之状，无物之象，是谓恍惚。迎之不见其首，随之不见其后。[①]

任继愈先生的译文如下：

"看它看不见，叫作'夷'，听它听不到，叫作'希'，摸它摸

---

① 《老子》十四章。

不着,叫作'微'。这三者无法进一步追究,它实在是一个东西。它上面并不显得光明,它下面也不显得阴暗,渺茫难以形容,回到无形无象的状态。这叫作没有相状的相状,不见形体的形象,这叫作'惚恍'。迎着它,看不见它的前头,跟着它,看不见它的背后。"①

> 道之为物,惟恍惟惚。惚兮恍兮,其中有象;恍兮惚兮,其中有物;窈兮冥兮,其中有精,其精甚真,其中有信。②

任继愈先生的译文如下:

"'道'这个东西,没有固定的形体。它是那样的惚恍啊,惚恍之中却有形象;它是那样的恍惚啊,恍惚中却有实物;它是那样的深远暗昧啊,深远暗昧之中却涵着极细微的精气(任注:"精"与"气",都是极细微的物质性的实体),这极细微的精气,最具体、最真实。"③

从以上陈述中可以得知,老子所看到的这一境界是朦胧模糊的,恍恍惚惚,幽幽暗暗,可以确定其中存在着一些物体,但是看不清楚它们是什么,它们有象而无形,无法予以言说。

---

① 任继愈:《老子新译》(修订本),上海古籍出版社,1985年,89—90页。
② 《老子》二十一章。
③ 同①,104—105页。

我们再来看古代印度佛教创始人释迦牟尼的相关述说。

释迦牟尼没有明确指说巅峰体验初始阶段的这一境界，但是他的关于万物起源的"缘起说"透露了他的感受。释迦牟尼"缘起说"的大意是：世界上最初活动着许许多多尚未成形的东西，它们源源而出，无穷无尽，它们中彼此因缘相合就会组合成为某样确定的物体，从而成为现实的存在物。显然，从视觉感受来看，释迦牟尼的缘起画面与老子的朦胧模糊的画面有很高的相似度，我们有理由认为释迦牟尼的缘起说脱胎于他对巅峰体验这一初始环节的直观视觉感受。

斯里兰卡南传佛教德宝法师（Bhante Henepola Gunarana）在其著作中提及朦胧模糊境界的情形，可以参看。德宝法师说，修行初始所见的情形会让经历者大感不解："最初，可能只是些稍纵即逝而且十分难以识别的体验。最初出现这种奇怪而难以名状的体验时，你通常会大为吃惊：那是什么？刚才发生了什么？"[①]这种让人吃惊的"十分难以识别的"具体情形又是怎样的呢？德宝法师说，在初禅中所看到的境界是朦胧模糊的，其中的那些物体无法辨认：那些物体好像是用眼角的余光看见的而不是正眼看见的，看不清楚，只是感觉那些物体是一些"未成形的事物"，对那些物体只有纯粹的直观，没有任何认知，不知道它们是什么，好像是第一次看见它们一样。这一境界转瞬即

---

① （斯里兰卡）德宝法师：《深度禅修》，聂传炎、张安毅译，海南出版社，2013年，136页。

逝。[1] 德宝法师的述说可以代表佛家对这一朦胧模糊境界的直观感受。

我们再来看古代欧洲，看公元3世纪古罗马哲学家普罗提诺（Plotinus，205—270）的述说。

普罗提诺是古罗马时期最重要的宏观哲学家，又被称为西方神秘主义之父。普罗提诺曾多次经历过巅峰体验，他在《九章集》中所表述的世界事物产生之初时所呈现的情形，显然就是他对这一境界的视觉直观感受。

普罗提诺说，他在这一境界中所看到的那些物体"非常模糊不清"，那些物体"没有形状"。对于这些模糊不清"没有形状"的物体，普罗提诺的评价很低，认为它们是现实物体在意识中的仿制品，而且是"暗淡无光和软弱无能的仿制品"，是"没有什么价值的玩偶"。[2]

普罗提诺所说的这些物体"没有形状"，是指这些物体的形状不清晰，无法识别，无法归类，相似于老子所说的"无状之状，无物之象"，也相似于佛家所说的"未成形事物"，亦即"非常模糊不清"的意思。

显然，无论是东方的巅峰体验经历者还是西方的巅峰体验经

---

[1] （斯里兰卡）德宝法师：《观呼吸：平静的第一课》，赖隆彦译，海南出版社，2009年，186—187页。
[2] （古罗马）普罗提诺：《九章集》（下册），石敏敏译，中国社会科学出版社，2018年，337页。

历者，无论是道家还是佛教或是其他宗教的巅峰体验经历者，对于这一环节这一境界的视觉直观感觉是基本相同的。

根据以上案例概括一下这一境界的基本特征：1. 这一境界朦胧模糊；2. 在这一朦胧模糊的境界中有物体存在；3. 这些物体是活动的；4. 这些模糊的物体难以辨识，无法言说。

这一朦胧模糊的境界转瞬即逝。

（四）出现意识消失现象

接着进入的是一个更加奇特的环节，在这一环节中，经历者的感官感觉等全部意识突然间完全消失。詹姆斯等许多研究者都认为，这种意识突然消失的现象是神秘体验过程中最不可思议的现象。

这是巅峰体验前过程中的又一个关键环节，它与刚才发生的朦胧模糊境界的环节是巅峰体验的核心秘密所在，经历者在巅峰体验以及后续思辨中所获得的所有奇特和非凡的感受感悟，都与这两个环节密切相关。

所有的宗教经历者都相信这是神秘顿悟的最重要时刻，是经历者与世界最高存在者或终极实在（上帝、真主、涅槃）相遇的时刻。

我们来看伊斯兰教神秘主义教派苏非派对这一现象的论说。

苏非派把为获取神秘顿悟即巅峰体验而进行的修行过程分为

"情迷""心迷""神迷"三个阶段，其中"情迷"相当于修行的准备性阶段；"心迷"是修行的入定阶段，相当于出现朦胧模糊境界的阶段；而"神迷"则相当于感觉和理智消失的阶段。苏菲派认为"神迷"阶段是神秘顿悟的最高阶段，是真主莅临与经历者合而为一的时刻。在苏菲派看来，当这一神圣时刻到来之时，人的自我意识就完全消失了，一切归于真主。

11世纪伊斯兰苏菲大师艾布·嘎希姆·古筛勒（约986-1073）这样说道：

> 至于"神迷"，它是超越"心迷"后的一个境界，人性特征彻底消失，所有的存在只是真主，因为在真境的光华显露之后，人性特征是无法停留的。

> "神迷"使修道者泯灭。

> 只有在绝对为了真主时，人才会进入"消失"的状态，而一旦进入这一状态，便会失去意识、理智、理解和感觉。

> 如果他由于感觉被剥夺而不见万物，完全意识不到真境中所出现的、所掌控的一切，那就是合一之合

一。……合一之合一则是意识的全部消失。①

佛教也非常看重这一意识消失现象。

佛教的禅修，就是要主动地清除修行者的所有感官感觉和理智，从"有觉有观"达至"无觉无观"，即从有感官感觉和有理智的状态达至无感官感觉和无理智的状态。根据佛教理论，当修行者达到了无觉无观的境地时，也就进入了无苦无乐、无喜无忧、无生无死、空寂无我的清净静寂境界，而这也就是佛教修行的最终目的涅槃境界。

那么，在这一环节中，经历者是怎样的具体感受呢？案例报告表明，当经历者进入这一环节时，意识一片黑暗。

也就是说，这一经历者意识消失的环节，是一个黑暗的境界。

关于这一境界，基督教有一个专用概念——神圣黑暗。这一概念源自 1 世纪犹太神学家斐洛（Philo，公元前 30—公元 40）对《圣经·出埃及记》中一段记载的化用。《出埃及记》中记载，以色列人在先知摩西（Moses）的带领下逃离埃及后在西奈山下扎营，摩西听见上帝召唤他上山聆训。摩西上山后看见上帝所在的山顶被乌云笼罩，他向上走去，走进乌云笼罩的幽暗之中。摩西在山上待了四十天，在此期间，摩西只能听见上帝的声音，未能看到上帝的真容。按照《圣经》记录，上帝是俗世的人们不可见、不可言和不

---

① （古阿拉伯）艾布·嘎希姆·古筛勒：《古筛勒苏菲论集》，潘世昌译，商务印书馆，2016 年，56-60 页。

可知的。斐洛注意到了《出埃及记》这段记载中黑云与上帝不可得见的关系,于是用"神圣黑暗"来指称上帝莅临与人的灵魂会合的时刻,指称经历者此时意识中的一片黑暗。斐洛写道:

> 当上帝之光照耀的时候,属人的光便暗淡下来;而当神圣之光退去,属人的光便又破晓升起。这就是在那些先知者中间所发生的情况。当圣灵临到时,心灵便被逐出,而当圣灵离去,心灵便又回到它的领地。可朽的和不朽的不能分享同一处府邸。因而当理性的光暗淡下来时,环绕它的黑暗便产生了入神并激起狂喜。[1]

此后基督教神学家和信徒们频频使用"神圣黑暗"这一概念指称神秘顿悟即巅峰体验,如5世纪神秘主义神学家狄奥尼修斯(Diongsius,生卒年不详),在《神秘神学》中以诗的形式赞颂"神圣黑暗":

> 高于任何存在、任何神明、
> 任何善的三位一体啊!
> 基督徒在智慧天国中的向导啊!
> 引导我们向上越过无知与光,

---

[1] (英)安德鲁·洛思:《神学的灵泉:基督教神秘主义传统的起源》,孙毅、游冠辉译,中国致公出版社,2001年,44页。

上升到神秘的《圣经》的最远、最高的巅峰，
在那儿有上帝之道的奥秘，
它们单纯、绝对而不可更易，
处于隐秘的寂静的辉煌黑暗之中。
它们在至深的幽暗之中
把淹没一切的光撒遍在最清楚者之上。
它们在完全感觉不到和看不见的事物中
用超越一切美的宝藏
充满我们无视力的心灵。[1]

在南传佛典中，也可以读到这样神圣的黑暗时刻。

南传佛典是指流传于东南亚的古老的巴利文佛典，南传佛典保存了一些尚未汉译的佛教初期典籍，其中有释迦牟尼的如下述说：

> 彼处星不闪，日无光，月不照，唯牟尼自知彼处，由其寂灭而成如梵。

> 比丘众啊！彼处亦无地水火风，亦无空无边处，识无边处，无所有处，非想非非想处。也无此世彼世，日

---

[1] （伪）狄奥尼修斯：《神秘神学》，包利民译，商务印书馆，2012年，95页。

月俱无。比丘众啊！我于彼处不名来，不名去，亦不名住或灭或生。彼非定住，非发端，亦非依存之物，是即苦灭涅槃。①

译文：

那个地方星星不闪烁，太阳没有光，月亮不照耀，只有我知道那个地方，我就是在那个地方寂灭而成为最高神圣者的。

众信徒啊！那个地方没有大地，没有河流，没有火，没有风，也没有"空无边处""识无边处""无所有处""非想非非想处"。那里不分此世和彼世，没有太阳和月亮。众信徒啊！说我是从那个地方来的不对，说我是往那个地方去的不对，说我是在那个地方住留的或是寂灭的或是诞生的也不对。那个地方没有固定所在，不是生命开始的地方，不是身体可以感觉到的物质实体，那个地方就是解脱了所有苦难的涅槃。

那么，道家又是怎么述说这种神秘黑暗的呢？

老子说"道"："玄之又玄，众妙之门。"② 后世对"玄之又玄"之"玄"的解释，通常采用的是"玄"字的衍义，即玄妙、高深的意思，但我认为，更合理的解释应当是首先采纳"玄"字的本义，即"很黑很黑"的意思，然后再兼顾衍义。老子还用昏黑幽暗的"深渊"来比喻那一境界，比喻"道"，老子说："道冲，

---

① 张曼涛：《涅槃思想研究》，东方出版社，2016年，27—28页。
② 《老子》一章。

而用之或不盈。渊兮，似万物之宗。"[1] 老子的后学庄子（约公元前369—公元前286）也一再重复老子的这一比喻，庄子说："夫道，渊乎其居也。"[2] "渊乎其不可测也。"[3] 这里的"深渊"，除了"深邃"之喻之外，应当还表达了老子和庄子对那一境界中身陷神秘黑暗包围的直观记忆。

巅峰体验过程中的这一经历者意识突然消失的黑暗现象，同样也是短暂的，转瞬即逝。

我们再来看巅峰体验后过程的两个环节：1.意识恢复与瞬间顿悟；2.后续思辨。

（一）意识恢复与瞬间顿悟

巅峰体验的经历者刚刚经历了一次不可思议的神奇遭遇，他们看到了一个朦胧模糊的境界，接着是意识突然消失的黑暗。这一遭遇转瞬即逝，然后是他们的意识开始恢复。

经历者意识的恢复，表现为那个朦胧模糊的境界和意识黑暗悄然隐退，世界重新以清晰崭新的面貌呈现在他们的意识之中。那些不可辨识、不可言说的物象消失了，取而代之的是逐渐而又快速呈现的清晰可辨、清晰可言的世界万物。

在这一时刻的最初数秒、数十秒，通常最多数分钟之内，经

---

[1]《老子》四章。
[2]《庄子·天地》。
[3]《庄子·天道》。

历者会产生非常强烈的身心反应，会感到极大的震撼和极大的欢悦，会觉得自己在瞬间获得了对世界最高存在者或终极实在的洞见，获得了对世界本质和人生意义的形而上顿悟。

这也是巅峰体验最激动人心的时刻。

（二）后续思辨

当最初的数秒钟至数分钟过后，虽然经历者依然处于强烈的兴奋之中，但是他们的思维状态已经进入了另一种情形，由直觉直感主导的顿悟状态逐渐进入了由理性主导的思辨状态，即进入了后续思辨状态。

后续思辨，就是经历者在理性意识的主导下，对瞬间顿悟的审视、体会、深化和升华。

"后续思辨"是一个时间跨度很大的概念，既包括与瞬间顿悟无缝对接的即时思辨，也包括此后数小时、数天，乃至数月、数年，乃至持续终生的断断续续的思辨。

许多经历者说，一次性的神秘体验彻底改变了他们，对巅峰体验的思考和实践从此成为他们终生不渝的事业。在巅峰体验的后续思辨中尤其是在间隔时间较长的思辨中，经历者摆脱了巅峰体验时受直觉支配的状态，意识已经完全或主要地由理性思维所主导，经历者的思考因而冷静而缜密，对事物的理解更为清晰化、精致化和系统化。因而，实际上持续的后续思辨才是真正产生非凡思想的时刻。诚如普罗提诺所说的："在与神明相接触的一瞬间,是没有任何力量来做任何肯定的;我们并不能以文字来推论或者以文字来表达这种所见,这些都是以后的事。"①

三、巅峰体验为什么会产生形而上瞬间顿悟

在巅峰体验的后过程,即在经历者的意识逐渐恢复的阶段,经历者将获得让他们身心震撼的形而上瞬间顿悟。

没有过这种神秘体验的人会感到不可思议,其实就是经历者们自己也同样感到不可思议:为什么在此之前发生的事情,竟会让他们在此之后获得那么强烈震撼的形而上瞬间顿悟呢?

而在此之前所发生的事情,仅仅是一个朦胧模糊的境界,仅仅是一片黑暗,这就是经历者在巅峰体验前过程中所获得的全部直观感觉。那么仅仅如此,那样非凡的形而上瞬间顿悟又是怎么可能产生的呢?

让我们来尝试分析这是怎么可能的,看看巅峰体验的经历者们是怎样从极其简单的起点开始,接连体验了与恢弘博大的形而上思维紧密相关的数种感受,从而获得了对世界最高存在者或终极实在、对世界本质和人生意义的形而上瞬间顿悟。

在这一过程中,经历者接连体验了与恢弘博大的形而上思维紧密相关的三种感受,这三种感受是先后递进的:1.对世界诞生

---

① 百度百科:普罗提诺。

的感受；2.对世界美好的感受；3.对世界最高存在者或终极实在的感受。

（一）对世界诞生的感受

在巅峰体验经历者的意识恢复的最初时刻，巅峰体验的经历者们惊愕地发现，黑暗解除了，那个刚刚还是朦胧模糊的境界发生了神奇幻化：那些影影绰绰的物象渐渐清晰了，它们刚刚还是不可辨识和不可言说的，而现在则渐渐变成可以辨识和可以言说的了，也就是说世界万物凭空出现了！目睹这一情境的经历者必然会感到极其强烈的震撼，因为他们看到的是在现实中从未看到过的奇幻情境，他们会直观地认为这个奇幻的情境就是世界诞生的秘密，就是世界万物从无到有时的样子。

所有的巅峰体验经历者都有这种强烈的创世感。

老子就是这样感受的，他认为世界就是这样诞生的，老子说：

> 致虚极，守静笃。万物并作，吾以观复。[①]

> 天下万物生于有，有生于无。[②]

庄子在他的著作中也记录了老子的这种强烈的创世感受：

[①] 《老子》十六章。
[②] 《老子》四十章。

夫子曰："……荡荡乎，忽然出，勃然动，而万物从之乎！此谓王德之人：视乎冥冥，听乎无声；冥冥之中，独见晓焉；无声之中，独闻和焉。故深之又深而能物焉，神之又神而能精焉。"①

译文：

老子说："……浩荡宏大的境界啊，它在无意中产生，在突然间呈现，万物由此而涌现！王德之人所看到的境界是一片幽暗，默然无声。只有王德之人可以在这幽暗中看到其中隐含的道理，在这静默中听见和鸣的声音。玄奥啊玄奥，其中竟能产生万物；神秘啊神秘，其中竟能产生精神。"（注：文中所说"王德之人"，"王"通"旺"，"王德之人"比喻有极高德性的人。）

孔子问于老聃曰："今日晏闲，敢问至道。"老聃曰："汝齐戒，疏瀹而心，澡雪而精神，掊击而知。夫道，窅然难言哉！将为汝言其崖略。夫昭昭生于冥冥，有伦生于无形，精神生于道，形本生于精，而万物以形相生。"②

译文：

孔子对老子说："今天得以清闲，我想请教您什么是最高的

---

① 《庄子·天地》。
② 《庄子·知北游》。

'道'。"老子说："（要了解这个问题）你要恭敬斋戒，疏通心思，洗净精神，抛弃已有的知识才可以。这个道啊，实在深奥难以言说！我给你说个大概的意思吧。万物昭明的景象是从昏昏暗暗中生成的，有形的东西是从无形中生成的，精神生成于那个最高的'道'，形体生成于精细的物质，万物获得了形体就纷纷产生了。"

总之，老子说的是：我在最为虚幻寂静的境界中，看见了万物纷纷出现，它们生生灭灭，重复演变；万物凭空而生，它们从空无中突然涌现；万物昭明的景象是从昏暗中生成的，有形的东西是从无形中生成的，精神生成于最高的'道'，形体生成于精细的物质，万物获得了形体而纷纷产生。这就是道家的创世观。

佛教的创世观体现为释迦牟尼的"缘起论"。在缘起论看来，世界上原本只有许许多多模糊难辨、尚未成形的物体，它们后来因为因缘相合而组合，于是构成了世界上形形色色可以辨识的成形物体。释迦牟尼的缘起论与老子的创世观异曲同工，都表达了巅峰体验的经历者从朦胧模糊的物象到清晰可辨的世界的直观创世感受。

对于世界万物从朦胧模糊的境界中产生，或者说从空无中产生，是经历者在巅峰体验的后过程中获得的第一直观感受。

这种感受对于经历者产生对世界最高存在者或终极实在的领悟，作用非常关键，因为所谓世界的最高存在者或终极实在的第一要义，就是它是世界万物的创造者或创造原因。

（二）对世界美好的感受

在经历者逐渐恢复的意识中，重新出现的清晰世界，看上去无比美好。

这是一个万物融洽、万物友善、万物无差别地和谐共存的世界。

庄子用"齐物论"来表述这个美好的世界：

> 天地与我并生，而万物与我为一。①

> 以道观之，物无贵贱。②

> 万物一齐，孰短孰长？③

这种万物同一的大同世界的美好感受，是所有巅峰体验经历者的共同感受。摘录两则西方经历者的案例报告。

> ……我内心的某个东西，使我觉得自己属于某个更大的东西，它起支配作用。我觉得自己与草、树、鸟、虫合一，与一切自然事物合一。我单纯为生存这一事

---

① 《庄子·齐物论》。
② 《庄子·秋水》。
③ 《庄子·秋水》。

实欣喜若狂，为成为这一切——细雨、云彩、树干，等等——的一部分而欣喜若狂。①

我感到一种喜悦，一种绝大的快乐，同时伴随着或紧跟着一种理智的猛醒，其情形根本无法描述。我不仅开始相信，而且亲眼见到，宇宙不是由僵死的物质构成，相反，乃是一种活生生的神灵（A Living Presence）。我在内心意识到永生。不是相信我将来会永生，而是觉得我当时已经永生了。我看见，一切人都是不朽的；世界的秩序是这样的：世界的一切事物绝无偶然，都是为了彼此的利益而合作，这个世界以及所有世界的基本原则，就是我们所说的爱，并且，所有成员的幸福，归根到底都是绝对确定的。这个景象持续了几秒钟，然后消逝；然而，它的记忆，以及它所教授的实在感，二十五年来始终历历在目。我知道，这个景象所展示的都是真的。②

此时此刻，展现在巅峰体验经历者意识中的就是这样一个没有丝毫阴影、没有半点瑕疵的世界，一个理想化的且过于理想化的世界，一个孩童般天真纯洁的世界，一个充满了欢欣喜

---

① （美）威廉·詹姆斯：《宗教经验种种》，尚新建译，华夏出版社，2008年，283页。
② 同上书，287—288页。

悦的世界。

这也是巅峰体验的经历者在现实中从未见过的美轮美奂的世界。经历者会直观地意识到，这样至善至美的世界，只能是世界最高存在者或终极实在所缔造的。他们还会相信，这样的世界是世界原本的样子、应有的样子和未来将实现的样子。

（三）对世界最高存在者或终极实在的形而上感受

当巅峰体验的经历者获得了关于初始世界和美好世界的感受之后，也就必然达至对世界最高存在者或终极实在（上帝、真主、道）的感受和豁然感悟，因为那时人们的理智相信，那个从无到有的初始世界只能是由最高存在者或终极实在创造的，那个美轮美奂、至善至美的世界只能是最高存在者或终极实在给予人们的神圣昭示。

老子就是这样形成了他的最高存在者"道"的观念：

> 有物混成，先天地生。寂兮廖兮，独立不改，周行而不殆。可以为天下母。吾不知其名，字之曰道，强为之名曰大。①

译文：

有一个浑然形成的东西，它先于天地而存在。它无声无形，

---

① 《老子》二十五章。

无所依凭地独自存在并且永远那样，它循环出现而不会消失。它可以算是世界万物产生的根本原因。我不知道它叫什么名字，我把它叫作"道"，如果还要再勉强给它起一个名字，那么就叫作"大"。

狄奥尼修斯也是这样激情赞颂他所领悟到的上帝：

> 我们知道了祂是万物的原因，祂是起源、存在和生命。……祂是被完善者的完善之源、被神圣化者的神圣之源；是那些转向纯一者的纯一性原则、是统一为一者的统一点。祂超越于一切实存，是一切源泉的源头。祂充沛而宽宏地尽可能给出一份祂的隐秘奥秘。①

> 祂使天空群星保持于闪耀、不变的秩序中。祂给予了它们永恒的力量、祂把时间的周转从其进程中区分出来，使之有规律地回归其基础。祂塑造了火的不可熄灭性与水的永久潮湿性。祂使大气流动，在虚无中建立大地，使大地的工作永远丰盛结果。祂使互相联结的元素既明白地区分开，又保持在相互的和谐与混合之中。祂加强着灵与身的结合。祂发动着养育和生长植物的力量。

---

① （伪）狄奥尼修斯：《神秘神学》，包利民译，商务印书馆，2012年，3页。

祂引导着使一切生物存在的力量。祂确立着世界的不可动摇的持续存在。①

巅峰体验经历者中的最优秀者,就是这样,在巅峰体验的后过程中获得了对世界最高存在者或终极实在的领悟(相似于本体论哲学对"本体"的领悟),也就达到了传统形而上思维的最高峰。传统形而上思维对最高存在者或终极实在(或本体)有三个终极性维度规定:它是世界的终极起源、世界的终极法则和世界的终极归宿。老子通过神秘顿悟而获得的"道"思想,就具备了这三个终极性维度:道是世界的终极起源("可以为天下母"),②是世界的终极法则("人法地,地法天,天法道,道法自然"),③是世界的终极归宿("夫物芸芸,各复归其根")。④在传统形而上思维看来,世界最高存在者或终极实在(或本体)体现了世界的最高统一性,对它的认知就是对世界本质的认知,就是对人类存在的终极目的和终极意义的认知。

詹姆斯把巅峰体验经历者对最高存在者或终极实在的领悟称为"与绝对的合而为一",他高度赞美这种不分时代、不分地域、不分民族而屡屡发生的形而上思维奇迹。他说:

---

① (伪)狄奥尼修斯:《神秘神学》,包利民译,商务印书馆,2012年,72—73页。
② 《老子》二十五章。
③ 《老子》二十五章。
④ 《老子》十六章。

这是神秘主义取得的伟大成就。在神秘状态中，我们与绝对合而为一，同时又意识到自己的一。这种神秘主义传统经久不衰，且胜利辉煌，几乎并不为地域或教宗的差异所改变。在印度教、新柏拉图主义、苏菲主义、基督教神秘主义以及惠特曼主义中，发现不断重复同一个调子。因此，关于神秘主义话语，有一种永恒的一致，应让批评者三思，而且，正如前面所说，这也使得神秘主义的经典既无出生日，又无出生地的区别。这些经典不断讲述人与上帝合为一体，其言语比语言更古老，而且，它们永远不会陈旧。①

四、巅峰体验发生的生理－心理机制

以上分析了巅峰体验发生之后，经历者是怎样从极其简单的直觉出发而获得形而上瞬间顿悟的。但是，仍然有一个前提问题、一个更为根源性的问题尚需回答：引发形而上瞬间顿悟的巅峰体验本身，又为什么会发生？是怎么发生的？

我们再来分析这个问题。

20 世纪初，心理学的潜意识理论刚刚形成，还很不成熟，但詹姆斯在其《宗教经验种种》一书中，就断言人的神秘顿悟现象

---

① （美）威廉·詹姆斯：《宗教经验种种》，尚新建译，华夏出版社，2008 年，303—304 页。

必定产生于人的潜意识之中，潜意识是神秘顿悟现象产生的原因。一百多年来，潜意识理论获得了长足发展，詹姆斯的这一论断成为学术界的基本共识。

所谓潜意识，就是指人的深层记忆；所谓潜意识是某种精神现象的原因，就是指人的深层记忆中的某种相对应的记忆被突然唤醒和呈现。

那么，与人的神秘顿悟即巅峰体验相对应的，是人的哪种深层记忆呢？

巅峰体验前过程出现的朦胧模糊境界，给我们提供了寻找这种记忆的线索。我们再来回顾一下这种记忆的视觉感受：这是一个朦胧模糊的境界，可以影影绰绰地看到其中有许多活动的物体，但这些物体却不能辨识，不知道它们是些什么。

当代心理学研究表明，人类的六个月之前的婴儿的感知记忆，恰好符合这一状态。

我们来看人类婴儿时期在六个月之前的感知记忆情形。

胎儿即有简单的感知记忆能力，表现为对母亲的声音和出生前几周所反复听到的音乐有记忆，当听到这些声音时表现得更为安静。新生儿在听到母亲声音时心率减缓，表明小宝宝在子宫里对声音的记忆可以延续到出生之后。除了听觉，嗅觉是新生儿记忆的主要形式，新生儿凭借体味可以区别母亲与其他女性，并可通过气味找到吮吸的乳房奶头。我们重点来看婴儿的视觉感知记忆能力。眼睛是人的五官之首，视觉所接受的信息占人的全部感官接受信息总量的80%以上，但对幼婴而言，视力在各种感官能力中却是最低的，也是在各种感觉中成熟最晚的。新生儿初生时两眼不协调，两三周后两眼不协调的现象消失，开始时对物体有集中的视力反应，但还不能长久地把视线集中在一个物体上，两个月左右的婴儿有了明显的视力集中活动，能够追视水平移动的物体，三个月后能够追视圆周运动的物体，五六个月起婴儿能够注视远距离的物体，以后视觉能力快速发展。总的来说，新生儿的视力仅相当于成年人的20/600，六个月左右大约是成年人的20/100，十二个月时婴儿的视力就和成年人一样了。婴儿视觉研究的一个重要发现是，只有当婴儿六个月的时候，才可以从多人的合影照片中认出自己的母亲。这个发现表明，对于婴儿的视觉感知记忆来说，六个月是一个关键的分界点，在此之前婴儿所看到的事物是不可辨识的（连自己的母亲也不能辨识），在此之后才有了可以辨识事物的可能性（从自己母亲开始）。[1]

因而我认为，经历者在巅峰体验前过程中所出现的那一无法辨识、无法言说的朦胧模糊境界，正是人类六个月之前的婴儿对

---

[1] 以上婴儿认知与记忆的基础资料参见（美）诺伯特·赫谢夸威茨等：《美好生活的开始——了解宝宝的大脑和行为》，科学普及出版社，2008年，王丹主编：《婴幼儿心理学》，西南师范大学出版社，2016年，王明晖主编：《0—3岁婴幼儿认知发展与教育》，复旦大学出版社，2016年，周念丽主编：《0—3岁儿童心理发展》，复旦大学出版社，2017年版的相关章节。

外部世界的视觉记忆,是这一视觉记忆的刹那间突然闪回。而且,当作为成年人的巅峰体验经历者在这一视觉记忆突然闪回时,那一朦胧模糊的境界依然保持幼婴期的原状,依然是无法辨识和无法言说的。

然而,这一现象与儿童心理学研究中一个迄今无法解释的经典困惑相冲突,这就是人不可能回忆起自己两周岁之前的事情。倘若有谁说自己想起了两周岁之前的事情,那肯定是他想象的,或者是他曾经听别人说过然后当成了自己的记忆。人类两周岁之前的记忆是无法重现的。而朦胧模糊境界的闪现,却居然突破了这一心理学藩篱,这显然是极为罕见的。正因为这一现象极为罕见,所以巅峰体验的发生极为罕见。

巅峰体验前过程的朦胧模糊境界转瞬即逝,紧接着的是经历者的意识全部丧失,意识陷入一片黑暗之中。

那么,经历者意识的突然消失又意味着什么呢?

我的理解是,意识突然消失的现象,是经历者神经系统瞬间爆发的对记忆的一次强力清除,让经历者重新回到两周岁之前记忆空白的状态。在这一瞬间,经历者除了刚刚经历的朦胧模糊境界之外的其他所有记忆都被清除。我还猜想,经历者刚刚经历的朦胧模糊境界的记忆实际上也在被清除之列,只是由于类同"视觉留存"原理的作用,即由于间隔时间太短而得以在经历者的视网膜中留存。这一意识清零现象,肯定与人类两周岁之前的记忆无法保留的生理机制相关。

在此需要特别指出的是，这里所说的经历者的记忆被清除，不仅是六个月之前的婴儿期记忆闪回之后被清除，而且是经历者的全部记忆，包括童年之后直至成年期的记忆，都被彻底清除。此时的经历者处于意识零点的状态之中。

朦胧模糊境界和意识消失的黑暗迅忽湮灭，接着发生的是巅峰体验经历者的意识恢复及意识重建。

经历者意识恢复后的意识重建，体现为经历者在所有记忆被彻底清零之后，在意识零点的基础上，重新开始建构自己从儿童意识到成人意识的过程。

首先是意识零点，即经历者的所有记忆被彻底清除的状态。在这一状态中，经历者没有任何记忆，仅仅只有视网膜留存的朦胧模糊境界的印象。然而，当经历者的意识恢复后，当万物逐渐清晰显现之后，留存的印象会让经历者产生世界万物从无到有凭空出现的感受，产生世界初始的感受。

然后，意识的恢复重建进入儿童化意识的状态。在这一状态中，经历者意识中所感受到的世界是一个万物同一的清新而美丽的世界，这个世界万物融洽、万物友善、万物无差别地和谐共存，其中完全没有"我"的意识。这样的意识状态是典型的儿童意识状态。因为只有儿童尤其是幼儿对外界的感知中才没有"我"的意识，只有对物的直觉，而且物物不分，物我不分，把"我"也视为物，视为与其他物相似的物，这一状态的哲学表达，就是幼儿的自我主体意识尚未萌生，主客体不分，主体混淆于客体，而且客体也是相互混淆的。儿童化意识的世界，会让经历者产生世界美好的强烈感受。

再然后，意识重建进入成人化意识状态。在这一状态中，由朦胧模糊境界所产生的世界初始的感受和由美轮美奂境界所产生的世界美好的感受，促成了巅峰体验经历者的形而上瞬间顿悟。这种形而上顿悟是成人化意识的体现，因为唯有成人意识才具有渴望知道世界最高存在者或终极实在、渴望知道世界本质和人类存在意义的强烈欲求，才具有获得这种领悟的心理条件、知识条件和思辨条件。对世界最高存在者或终极实在，以及对世界本质和人类存在意义的形而上领悟，是成人化的价值认知的思维升华。

总之，正是巅峰体验经历者的幼婴期记忆闪现、所有记忆被彻底清零、意识恢复并重新建立的这一过程，让巅峰体验的经历者获得了非凡的形而上领悟。

这就是巅峰体验发生的生理－心理机制。

也就是巅峰体验的核心奥秘。

五、巅峰体验的形而上高贵品质

形而上思维是人类最高形式的思维。形而上思维以最大的空间－时间为框架，探求世界的最高存在者或终极实在，以求解世界万物产生的终极起源、世界万物运行的终极规则、世界万物趋赴的终极归宿。然而，近现代以来，人类数千年思想史上所形成的种种形而上学体系，即所提出的种种最高存在者或终极实在概念，如上帝、至善理念、涅槃、道、太一、神性自然、绝对理念、绝对自我、绝对意志等，都受到了进步中的人类理性的批判。这些最高概念在实体上不存在，在逻辑上不成立，是一些大而不当、空洞无物的概念。

这样的理性批判是正确的。

但是，这些最高概念的错谬，并不证明形而上思维也是错谬的。"形而上思维"不等同于"形而上学"，就像"运动"不等同于"运动学"。形而上学可以是人类知识匮缺时代所产生的僵化思想体系，但是形而上思维，则是人类随着知识的不断丰富而不断进取的探究，是一个永远生气勃勃的最高形式的思维探究过程。

人类需要形而上思维的引领。形而上思维是以最大化的时空维度作为思维框架的，因而这种最大化的整体性思维，总是试图在最大的范围内和最高的层次上对世界与人类作出理性的说明，总是试图完整地求解世界与人类存在的奥秘，总是试图认识和趋赴最理想的人类生存状态。事实上，形而上思维在人类数千年的历史中，为建构社会的道德准则、政治制度、法律规范、文化艺术等起到了极其重要的积极作用。同时，正是以形而上思维作为最高精神意识形态的既往文明，把人类塑造成为现今这种人格结构的人类，塑造成为情感丰富细腻、理性意识明确、自尊自爱并且愿意尊重和关爱他人、真诚希望社会向善发展、勇于创新超越的人。人类的历史进程可以理解为在超越性的形而上思维的引领下加速进化进步的过程，人类正是在形而上思维的引领下，改变了世界也改变了自己，让自然世界成为人化的世界，让自己成为这个星球上卓尔不群的最优秀物种。形而上思维的伟大历史贡献是无可置疑的。

20世纪的后现代主义思潮，对传统形而上学的批判最为激烈，它不仅彻底否定了传统形而上学的所有最高概念，还进而彻底否定了人类的存在意义，认为人是一种没有理由、没有本质、没有目的的存在，人类的存在没有任何意义。后现代主义思潮声称它的批判否定是为了从根本上解放人类思想，但实际结果却恰恰相反，后现代主义思潮造成了空前的思想混乱和社会混乱，给人们带来的是迷惘、忧郁、躁动和悲观绝望。

对形而上思维的否定，是对人类自身的深刻伤害。因为虽然传统的形而上学的最高观念是错谬的，但是人类对最高事物的探究，其出发点和归宿点都在于对人类自身的探究。人类求解最高存在者或终极实在的目的，是为了从整体上和根本上求解世界，而从整体上和根本上求解世界的目的，是为了从整体上和根本上求解人类自己。形而上思维的最终指向，是对人类因为什么而存在、依凭什么而存在、为了什么而存在以及趋赴什么而存在等根本问题的探索，是对人类自身存在意义的发现和确认。

21世纪，人类需要重建关于自身存在的终极意义观。

在这样的重建中,巅峰体验可以起到重大的作用。

总体看来,巅峰体验有着两个最为不同寻常的特点,两个天然的并且极其强烈的直感,这就是整体性意识的直感和儿童化心态的直感。

先来看整体性意识的直感。

如前所述,自出现朦胧模糊境界开始的巅峰体验过程,会让巅峰体验的经历者产生强烈的世界最初创世的直感、世界本然美好的直感,以及世界最大统一性的直感。这些宏大的形而上直感,天然地导向最大化的整体性意识,而唯有这种整体性意识,才可以让人们超越现实的局限和羁绊,从而获得对人类存在的根本意义的认知。这种最大化的整体性意识,是重建人类终极意义观的必不可缺的前提条件。

再来看儿童化心态的直感。

亦如前所述,巅峰体验可以在经历者的意识中神奇地展现出一个美轮美奂的境界,那是一个万物平等、万物友好、万物无差别地和谐共存的境界,一个无我的、天下大同的至善至美的境界;它给经历者带来强烈的身心震撼,带来无比的欢欣喜悦。这样的感知实质上是一种儿童化的心理感受。

马斯洛在他的研究中挑选了近两百年来直至当时最优秀的几十名人物作为研究对象,这些人都是成就卓著、名声显赫的政治家、哲学家、神学家、文学家和自然科学家。在对这些最优秀人物的研究中,马斯洛有两个发现,一是发现他们通常有过神秘体验,马斯洛将其称为"高峰体验"(如前所述,其中往往是巅峰体验);二是发现他们通常具有浓郁的孩子般的天真气质。

马斯洛这样说到这些最优秀人物的孩子般的天真气质:

> 我曾强烈地意识到,我们必须面对我选出的自我实现者的实际情况。因为他们既是非常成熟的,同时又是很孩子气的。我称它为"健康的儿童性"或"第二次天真"。①

> 所有这些最成熟的人,也是具有最强烈的孩子[气]或天真的人。②

马斯洛的研究,揭示了这些最优秀的人物与巅峰体验、与孩子般纯洁纯净品质三者之间的关联性。

这些优秀人物为什么优秀?是因为他们亲身经历了或是听闻后感同身受于那个美轮美奂、至善至美的境界,他们不像别人那样不相信存在着那样无比美好的境界,他们相信那个无比美好的境界是真实存在的,他们相信那就是世界本来的样子、世界应该

---

① (美)亚伯拉罕·哈罗德·马斯洛:《人性能达到的境界》,马良诚等译,陕西师范大学出版社,2010年,294页。
② (美)马斯洛:《存在心理学探索》,李文湉译,云南人民出版社,1987年,126页。

的样子，也是世界未来的样子，相信那个天国般的美好境界终将会在人间实现。他们因而目标明确，意志坚定，不畏艰难，勇于前行。他们始终保有着与那个美好境界息息相关的儿童般的心态，那就是纯洁的心态、好奇的心态、快乐的心态、不受陈规羁绊的心态、乐于尝试和创新的心态。他们用孩子般的善良无邪实践自己的一生，他们卓尔不群的优秀表现，是孩子般天真品质的自然生长和灿烂绽放。

巅峰体验是一种神奇的现象，它可以产生不可抑制的强烈冲动，这种强烈的冲动是一种博大深邃的直观和顿悟，一种向着浩瀚无际的无限时空蜿蜒伸展的意识，一种巨大的欢欣喜悦，一种具有鲜明的形而上指向的高贵精神。

人类的形而上之思，通常是通过理性的哲学思维而达致的，而超理性的巅峰体验表明，在人类的理性主义之外，还有着另一条探究人类存在意义的神秘通道。

巅峰体验表明，人类最美好的理想理念，不仅来源于人类的理性主义思维，同时也蕴藏在人类的本然深处，它们是人类的一种初心初念。

巅峰体验和哲学思维使得我们不能不思考一个问题：

> 这个问题就是怎样在这个世俗的世界上度过圣洁的一生，怎样使人生具有永恒的意义，怎样在这不完善的

世界上始终保持着对至善至美的理想,怎样在假、丑、恶的尘埃中永远不忘记对真、善、美的追求。[1]

巅峰体验促使我们思考人类的存在意义,巅峰体验有助于人类重建存在意义,我们应当珍视这一来自人类本然深处的高贵的形而上召唤。

---

[1] 林方主编、马斯洛等著:《人的潜能和价值》,陈维正译,华夏出版社,1987年,380页。

后记

我对人类存在的根本意义问题非常关注,多年来一直致力于对这一问题的学习和思考。

2014年,国家行政学院出版社出版了我的《人类的终极意义》。该书从理性主义传承的角度出发,梳理了人类终极意义思想的起源与发展,论说了人类思想史上主要的相关理论样态以及终极意义的定位、定义等命题。

我在完成该书后意识到,虽然思想史上关于人类终极意义思辨的主要路径是理性主义的,但是实际上还有着另一条思辨路径,这就是神秘主义的形而上瞬间顿悟的路径,其典型代表者是古代东方的释迦牟尼、老子和古代西方的普罗提诺、狄奥尼修斯,他们以直观直觉的瞬间顿悟的形式,获得了对整体世界以及人类存在意义的最高认知。这是一种不容忽视的形而上思维形式,它不仅在人类思想史上发挥了极其重大和极其广泛的影响，而且较之于理性主义的思维形式，这种神秘主义的思维形式有着更为本原、更为初始的深层蕴意。经过数年的研究，我写了这本书。

对神秘主义的形而上瞬间顿悟现象的研究，始于美国学者威廉·詹姆斯 1902 年出版的《宗教经验种种》，20 世纪 50 年代美国学者 A. 马斯洛也对这一研究做出了重要贡献，但自 20 世纪 80 年代之后，这一研究陷入裹足不前的状态。我的这本书就是在借鉴此前学术研究成果，并注意到此前学术研究缺陷的基础上展开的。我为之提出了若干新的概念，以改变此前研究中存在的前提混乱现象；我还改变了此前研究通行的专注于神秘现象特征分析的方法，采用了从分析这一神秘现象的发生过程的方法来破解其奥秘。

对神秘主义的形而上瞬间顿悟现象的研究，是人文科学研究中的一个弱项，国内尚无相关专著，翻译过来的国外相关著作也不多，可供参考的资料不足，研究条件很受限。我虽然勉力完成了拙作，但深知研究成果肯定多有不足。不过我也知道，这一数千年来让人类理性困惑难解的神秘现象何其深奥，即便是多有不足的探索，只要是求真的和创新的，就对揭示这一千古之谜有着积极作用，我因而又为拙作的完成感到释然和欣然。

如果您对神秘主义的形而上瞬间顿悟现象也有兴趣，那么欢迎您阅读这本书，欢迎您对这本书的不足提出宝贵意见。希望在有着共同兴趣的读者的共同努力下,对神秘主义的形而上瞬间顿悟现象的研究以及进而对人类终极意义的研究能够更为深入地展开。

赵皖生
2021 年秋于苏州